# 엄마!
## 우린 돈이 언제 생겨요?

## 엄마! 우린 돈이 언제 생겨요?

**초판 1쇄 발행** 2025년 9월 22일

**지은이** 한석순
**펴낸이** 장길수
**펴낸곳** 지식과감성®
**출판등록** 제2012-000081호

**교정** 정은솔
**디자인** 김희영
**편집** 김희영
**검수** 주경민, 정윤솔
**마케팅** 김윤길

**주소** 서울시 금천구 벚꽃로298 대륭포스트타워6차 1212호
**전화** 070-4651-3730~4
**팩스** 070-4325-7006
**이메일** ksbookup@naver.com
**홈페이지** www.knsbookup.com

ISBN 979-11-392-2808-3(03810)
값 10,000원

- 이 책의 판권은 지은이에게 있습니다.
- 이 책 내용의 전부 또는 일부를 재사용하려면 반드시 지은이의 서면 동의를 받아야 합니다.
- 잘못된 책은 구입하신 곳에서 바꾸어 드립니다.

지식과감성®
홈페이지 바로가기

# 엄마!
## 우린 돈이 언제 생겨요?

한서순 지음

'지금 이 삶에서 나는 무엇을 다시 시작할 수 있을까?'
'쓰러져도 다시 일어나고 멈춰도 다시 걸어가고….'

이렇게 나는 오늘도 꿈을 꾼다.
다시 꾸는 꿈은 아프기 전보다 더 소중하다.

지식과감정#

## 목차

| | | |
|---|---|---|
| 8 | #0 | 나는 끝끝내 살아 냈다 |
| | | - 조현병, 근긴장이상증후군과의 싸움 |
| 25 | #1 | 10년 후 밥상 |
| 29 | #2 | 가장의 한숨 |
| 30 | #3 | 경제적 자유 |
| 32 | #4 | 고독 |
| 33 | #5 | 고무줄 |
| 34 | #6 | 관계 |
| 39 | #7 | 구름 |
| 40 | #8 | 굴뚝 (1) |
| 41 | #9 | 굴뚝 (2) |
| 42 | #10 | 그대 |
| 43 | #11 | 기도의 마음 |
| 44 | #12 | 깨달음(1) |
| 45 | #13 | 깨달음 (2) |
| 46 | #14 | 꼬꼬마 |
| 47 | #15 | 꿈 |
| 49 | #16 | 낙엽 |
| 50 | #17 | 다스림 |
| 52 | #18 | 다은 짱 |
| 54 | #19 | 동생 |
| 57 | #20 | 목소리 |
| 58 | #21 | 무명 |
| 59 | #22 | 바보사랑 |

| | | |
|---|---|---|
| 61 | #23 | 백년살이 |
| 63 | #24 | 백마 |
| 65 | #25 | 벗 |
| 66 | #26 | 베르터 |
| 67 | #27 | 변화 |
| 68 | #28 | 보배 |
| 69 | #29 | 보이지 않는 사랑의 손 |
| 71 | #30 | 비련 |
| 72 | #31 | 삐약이 |
| 73 | #32 | 눈물 밥 덩이 |
| 79 | #33 | 본질 |
| 81 | #34 | 빛 |
| 83 | #35 | 배추 껍데기 |
| 87 | #36 | 방구석 재테크 |
| 92 | #37 | 사랑꽃 |
| 93 | #38 | 사랑꾼 |
| 94 | #39 | 사랑설정 |
| 95 | #40 | 사랑열차 |
| 96 | #41 | 사랑하련다 |
| 97 | #42 | 산다는 것 |
| 98 | #43 | 삶 (1) |
| 99 | #44 | 삶 (2) |
| 101 | #45 | 상처 |
| 106 | #46 | 상처받은 목련 |
| 107 | #47 | 새 (1) |
| 109 | #48 | 생라면 |
| 110 | #49 | 설렘 |
| 112 | #50 | 세월 |
| 113 | #51 | 썩은 베개 |
| 114 | #52 | 아버지 |
| 115 | #53 | 아이 같지 않은 아이 |
| 117 | #54 | 엄마! 우린 돈이 언제 생겨요? |
| 120 | #55 | 엄마 |
| 121 | #56 | 여고 시절 |

| | | |
|---|---|---|
| 123 | #57 | 연리지 |
| 124 | #58 | 열정 |
| 125 | #59 | 영원한 친구 |
| 126 | #60 | 오뚝이 |
| 131 | #61 | 원 투 쓰리 |
| 133 | #62 | 위험한 아파트 |
| 136 | #63 | 이해관계 |
| 139 | #64 | 정열 |
| 141 | #65 | 참새 사랑 |
| 142 | #66 | 초연 |
| 143 | #67 | 카르마 |
| 144 | #68 | 커피 즐기기 |
| 145 | #69 | 편백나무 친구 |
| 146 | #70 | 포옹 |
| 147 | #71 | 피앙세 |
| 148 | #72 | 하나를 더 보탠 사랑 |
| 150 | #73 | 하늘의 열매 |
| 151 | #74 | 행복 (1) |
| 152 | #75 | 현실 |
| 154 | #76 | 화전 |
| 156 | #77 | 회향 |
| 157 | #78 | 흰 눈 |
| 159 | #79 | 사랑 말이야 |
| 160 | #80 | 어여쁜 꽃 |
| 161 | #81 | 토닥토닥 내 사랑 |
| 163 | #82 | 촛농 |
| 164 | #83 | 바람 |
| 165 | #84 | 꽃봉오리 |
| 166 | #85 | 새 (2) |
| 167 | #86 | 행복 (2) |
| 168 | #87 | 봄비 |
| 169 | #88 | 산 |
| 171 | #89 | 욕심 |
| 172 | #90 | 해를 가리는 구름 |

# #0 나는 끝끝내 살아 냈다
### - 조현병, 근긴장이상증후군과의 싸움

**제1장. 기척의 시작, 따라오는 그림자**

언제부터 누군가 내 뒤를 따라온다는 기분이 들기 시작했다. 오늘도 어김없이 익숙한 그 길을 걷는다. 남편이 주말농장처럼 가꾸는 텃밭이 있는 길로 걷기 운동을 겸한 산책을 나섰다. 몸 상태가 좋지 않아 휴양 중인 나는 매일 같은 길을 걸으며 머릿속의 생각들을 정리하려 애썼다.

처음엔 그냥 우연이라 생각했다. 똑같은 차가 내 앞을 지나가고 또다시 돌아서 나를 스쳐 지나간다. 그래, 그럴 수도 있지. 나는 나 자신을 다독이며 우연을 합리화했다. 하지만 십 분쯤 더 걸었을까 또다시 비슷한 차와 비슷한 번호판이 내 앞을 스쳐 간다. 이제는 분명히 의식되기 시작한다. 시골의 좁은 길. 왕래가 드문 이 길에 왜 이렇게 자주 차량이 나타나는 걸까.

텃밭까지는 빠르게 걸으면 약 30분 정도 걸렸다. 도착하자마자 잠시 숨을 돌리고 익숙한 듯 텃밭을 둘러본다. 남편이 좋아하는 이 작은 농장. 그러나 나는 흙을 만지는 일에 별다른 애정이 없었다. 깻잎을 따는 일도 과일을 수확하는 일도 그저 남편의 취향을 존중하는 마음으로 가끔 따라나설 뿐이었다. 이처럼 남편과 나는 성향이 많이 달랐다. 돈 버는 일에 익숙한 나는 농사일은 유독 손이 가지 않았다.

그런 내 일상에 이상한 기척이 점점 늘어 가기 시작했다. 산책 중에도 혼자 바람을 쐬고 걸어가는 내 뒤를 누군가가 따라다니는 것 같은 기분. 그리고 마침내 들리기 시작한 목소리들. 내 얘기를 하는 누군가의 말소리가 어디선가 자꾸 들려왔다.

이상한 일은 그날로 끝나지 않았다. 어느 날 다른 지역에 볼일이 있어 지하철을 타고 가던 중이었다. 낯선 남자가 내 뒤를 따라왔다. 그러더니 내 귀에 들린다. 당신이 누구와 바람피우는지 알아내서 남편에게 말할 거야. 그건 분명히 협박이었다. 그리고 그것은 단순한 상상이 아니었다. 나에게는 너무도 생생하고 현실처럼 느껴지는 목소리였다.


## 제2장. 환청의 문을 열다

그날 이후 나를 따라다니는 목소리는 점점 선명해졌다. 단순한 착각이 아닐 거라는 생각이 들기 시작했다. 이제는 일상 어느 곳에서도 안심할 수 없었다. 지하철 안, 버스 안, 집 안에서도 낯선 소리가 끊임없이 들려왔다. 누군가 내 뒤를 캐묻고 내 비밀을 알고 있다는 듯이 조롱하듯 내 귀를 괴롭혔다.

'당신이 남편 몰래 바람피우는 걸 알고 있다. 다 말할 거야.'

이런 목소리에 나의 마음이 조금씩조금씩 철저히 무너져 가고 있었다.

가족과 함께 앉아 텔레비전을 볼 때에도 난 이미 다른 차원에 들어가 있었다. 화면 속 연예인들이 나에게 말을 건네는 것처럼 느껴졌다. 나는 그들과 대화를 나누고 그들의 반응에 웃거나 대꾸했다. 현실과 환청이 구분되지 않았고 머릿속은 점점 복잡해졌다. 버스를 타고 갈 때에도 내 아들의 목소리가 들려왔다.

'엄마 딸기 좀 사다 주세요.'

그 말에 나는 버스에서 내려 곧장 딸기를 사러 마트로 향했다. 아무도 모른다. 나만 알고 있는 세계에서 나만의 방식으로 반응하고 살아가고 있다는 것을.

이제 나의 세상은 완전히 분리되어 있었다. 밖으로는 평범해 보이지만 머릿속에서는 수많은 목소리와 상황들이 펼쳐지고 있었다. 겉으로는 티 나지 않는 조현병의 시작이었다.

현실의 소리와 마음속의 소리는 겹쳐지기 시작했다. 남편과 산책을 하던 중 환청 속 누군가와 대화하고 있었고 남편이 무언가를 말해 오면 나는 이렇게 대답했다.

"자기야, 잠깐만 기다려요. 생각 좀 하고요."

나는 남편의 말보다 환청 속 인물의 말에 집중하고 있었다.

그날 저녁 남편이 워크숍을 떠난 날 혼자 침대에 누워 있자 천장에서 이상한 그림이 보이기 시작했다. 그것은 인간의 얼굴이기도 하고 동물의 형상이기도 한 기이한 이미지였다. 불을 끄자 더욱 생생했다. 그와 동시에 현관 밖에서 들려오는 사람들의 웅성거림. 대통령이 보낸 드레스와 구두가 상자에 담겨 밤사이 우리 집 문 앞에 배달될 예정이라는 내용의 지시. 마치 첩보 영화 속 미션 같았다. 나는 아이들에게는 이 사실을 말하지 않았다. 대신 새벽 식탁에 앉아 시집을 읽으며 그 시 속 문장 하나하나가 나를 악한 존재로부터 보호해 줄 거라고 믿었다. 숨소리조차 조심해야 했다. 모든 것이 나에게 내려진 지시였다.

베란다에 있는 닭장을 열라는 환청이 들려왔다. 나는 조심스레 문을 열었고 닭 한 마리가 천천히 밖으로 나왔다. 그 순간 어쩌면 나는 무언가를 구속 없이 자유롭게 놓아주는 느낌이 들었는지도 모른다. 해가 떠오르는 새벽 나는 그 고요함 속에서 평화를 느끼려 했다. 그러나 환시는 계속됐다. 소나무 사이사이에 괴상한 형체의 얼굴들이 보였고 눈을 비벼도 사라지지 않았다.

## 제3장. 보이지 않는 그림자 속에서

　나 혼자 망상 속에서 헤어 나오지 못하고, 보이지 않는 사람들과 한참을 대화하며 때론 신기하기도 하고 한편으로는 내가 좋아하는 연예인들의 출몰에 나조차도 놀라고 있었다.
　또 다른 날은 딸의 목소리가 들렸다.
　'엄마! 나 지금 기자님들 만났어요! 엄마 억울한 이야기 다 하고 가려고 해서 좀 늦을 것 같아요!'
　나는 그 말을 듣고 마음속으로 되뇌었다. 그래, 우리 딸이 엄마를 위해 싸우고 있구나. 내 억울함을 풀어 주려고 애쓰고 있구나. 나 혼자 감격했고 고마웠다.
　이제 나는 이 모든 목소리들이 환청이라는 것을 안다. 하지만 그때는 아니었다. 그때의 나는 그 모든 목소리들이 진짜라고 믿었다. 현실이었다. 나만 알고 있는 세계가 하나 더 생긴 셈이었다.
　남편과 산책을 하던 중이었다. 조용히 걸음을 옮기고 있는데 갑자기 익숙한 소리가 들렸다. 누군가가 내 이름을 부르고 나를 따라오며 속삭였다.
　*'지금 말하지 마. 조용히 들어. 그 사람들 아직 널 감시하고 있어.'*
　그 소리에 나는 또다시 마음속으로 대화를 시작했다.
　'그래 알겠어. 조금만 더 기다려 볼게.'
　그 순간 남편이 내게 말을 걸어왔다.
　"자기야! 오늘 저녁은 뭐 먹을까?"

나는 대답 대신 조용히 말했다.

"잠깐만요, 생각 좀 하고요."

내 속마음을 숨기며 마치 깊은 사색에 잠긴 사람처럼 굴었다. 남편은 그런 나를 기다려 주었다. 그는 내가 무슨 생각을 하는지 모른다. 아니 어쩌면 눈치챘을지도 모른다. 하지만 아무 말도 하지 않았다. 나는 그저 들키고 싶지 않았을 뿐이었다. 내가 들리는 이 소리들을 아니라고 내 머릿속 상상이라고 부정할 수 없었다.

동이 트는 그 시간 나는 언제나 그 새벽 공기를 좋아했다. 남편과 함께 떠난 여행길의 그 기분도 시원하고 고요했던 그 시간 그 기억마저도 내게 환상처럼 느껴졌다. 이제는 그 시간조차도 내게 현실이 아닌 꿈처럼 다가왔다.

멀리 산등성이 너머 소나무 사이로 이상한 형상이 보였다. 인간의 얼굴 같으면서도 짐승의 형태를 띤 그것들. 눈을 비벼도 사라지지 않았다. 나는 그렇게 또 다른 세상에 점점 더 깊이 들어가고 있었다.


**제4장. 무너지는 일상, 현실의 붕괴**

현실과 비현실 사이의 경계가 사라졌다. 내가 보고 듣는 것들이 진짜인지 환상인지 구별이 되지 않았다. 이사 온 지 얼마 안 된 맞은편 집 여자의 목소리가 들렸다.

'며칠이나 됐는데 인사도 안 해?! 네가 어린데 어른에게 먼저 인사해야지!'

그 목소리는 분명 나를 향한 것이었다. 나는 속이 상하고 분노했다.

*'당신이 먼저 인사해야 하는 거 아닌가요….'*

　마음속으로 되받아쳤다. 그렇게 환청은 일상이 되었고, 현실과 섞이기 시작했다.

　텔레비전을 보며 가족과 함께 있는 시간에도, 나는 방송 속 연예인들과 대화를 나누었다. 누군가는 나를 부르고 누군가는 내 상황을 이해한다고 말했다. 나만 아는 세상이었다.

　남편과 함께 산책하던 어느 날 들리는 소리에 반응하느라 그의 말을 외면했다.

　'잠깐만요, 생각 좀 하고요.'

　나는 두 세계 사이에서 외줄 타듯 살아가고 있었다. 한 세계는 모두가 나를 감시하고 협박하는 곳. 또 한 세계는 가족이 있고 평범한 일상이 있는 곳이었다. 나는 두 세계 모두를 믿고 있었고 어느 쪽도 놓을 수 없었다.

　밤이 되면 새로운 환시가 나타났다. 천장에 그림이 떠오르고 현관 밖에 웅성거리는 소리가 들렸다. 대통령이 내게 선물을 보낸다는 환청에 나는 숨을 죽이고 지시를 따랐다. 시집을 펼쳐 시를 읽으며 집을 지켜야 한다는 임무를 수행했고 작은 행동도 나에겐 의미 있는 신호였다. 두 눈을 비벼도 사라지지 않는 그 환시는 나를 이끌어 경찰서로 향하게 했다. 남편이 내 친정 식구들을 해치려고 해요. 경찰에게 그렇게 말했다. 모두가 나를 쫓고 있다는 환청 속에서 나는 진심이었다. 내 말을 믿어 주지 않는 경찰 그리고 나를 데리러 온 가족들. 그들마저 테러리스트라는 환청에 시달리며 나는 점점 더 무너져 갔다. 아들의 방 침대에 누우라는 말에도 나는 소리에 위협받으며 꼼짝하지 못했다. 가족이 나를 어르고 달래며 겨우 침대에 눕혔고 나는 그제야 얼어붙은 몸을 눕혔다.

  다음 날 남편이 돌아왔다. 그가 입은 옷은 집에 없던 옷이었다. 누군가 사 준 것이 틀림없다는 망상에 사로잡혔다. 남편이 바람을 피웠다는 생각이 나를 점점 예민하게 만들었다. 그의 외식 제안에도 불안과 두려움이 엄습했고 결국 남편이 차 문을 잠그려는 순간 나는 차 키를 가지고 도망쳤다. 한참을 정신없이 운전하면서 난 이정표조차도 똑바로 볼 수 없었다. 테러리스트 들이 나를 쫓고 있다. 그렇게 몇십 분쯤 운전을 하다가 급기야 사고가 났고 에어백이 터졌다. 나는 또다시 도망쳤다. 이정표조차 볼 수 없게 만드는 환청 속에서 나는 점점 더 깊은 어둠 속으로 가고 있었다.

## 제5장. 생존을 위한 도망

  집으로 돌아왔지만 현실은 더 이상 내가 알던 그곳이 아니었다. 남편과 아이들조차 나를 이해할 수 없는 존재처럼 느껴졌고 나 역시 그들에게서 점점 멀어져 갔다. 차 키와 카드는 남편에게 빼앗긴 채 나는 마치 철창 안에 갇힌 동물처럼 무력하게 있었다.

  하지만 무언가에 홀린 듯 나는 다시 집을 나섰다. 발걸음은 자연스럽게 금은방으로 향했고 손목에서 팔찌를 풀어 건넸다. 팔찌는 현금으로 바꾸었고 나는 그것을 들고 기차역으로 향했다. 마음속에선 죽어 버리자, 끝내자는 생각 하나뿐이었다. 내가 죽기 전에는 이런 일들이 감당이 되지 않을 것이기 때문에 마음을 먹은 것이다.

  기차를 타는 순간에도 환청은 멈추지 않았다. 주변 사람들의 시선, 말소리, 냄새까지 모두 나를 겨냥하고 있었다. 한 번도 가본 적 없는 지역의 종착역에 도착하자 눈물은 멈추지 않았고 몸은 점점 무거워졌다. 하지만 이상하게도 그 순간 오기가 생겼다.

'그래, 이 소리들을 다 이겨 보자.'

나는 편의점으로 들어가 끼니를 채울 음식들을 한가득 샀고, 서울행 비행기에 몸을 실었다.

'따라올 테면 따라와 보라지.'

비행기 안 그리고 다시 택시를 타고 집으로 돌아가는 길에도 환청은 여전했다. 누군가의 목소리 상상 속 냄새가 나를 따라다녔고 택시 기사도 내가 냄새를 맡는 걸 이상하게 바라보았다. 하지만 그조차 이제는 아무렇지 않았다. 이 병이란 게 나를 이렇게 만들고 있었다.

서울에 도착한 후 나는 택시를 타고 남편 사무실 근처에서 택시를 내렸다. 택시 기사에게는 두 배의 요금을 건네고 편의점에서 산 음식들도 모두 드렸다. 그분은 분명 '참 이상한 손님이네'라고 생각했을 것이다.

그 후 나의 삶은 점점 더 무너져 갔다. 누구에게 말해도 믿기 어려운 이야기들 속에 나는 점점 갇혀 갔고 드디어 병원에 입원하게 되었다. 나는 여전히 내가 무슨 말을 하는지 어떤 행동을 하는지 모두 기억하고 있었다. 그 환청과 환시와 망상은 나에게 너무도 선명했기에….


### 제6장. 병원, 또 하나의 전쟁터

병원 생활은 또 다른 지옥이었다. 새벽마다 교탁을 내리치는 소리에 깜짝 놀라 눈을 뜨면 청소하라는 소리가 들려왔다. 나는 그 소리에 따라 병동을 닦았고 그때마다 조금씩 삶이 무너져 내렸다. 약물은 나를 기절시키듯 눕혔고, 고꾸라졌다 일어나는 일이 반복됐다.

세탁비누로 머리를 감기도 했다. 아무리 내 샴푸를 찾아 보아도 찾을 수가 없었다. 그래서 병원 안에선 어쩔 수 없었다. 나의 세탁비누의 거친 냄새와 잔여물은 머리에 덕지덕지 남았고 사람들은 나를 피해 다녔다. 나는 매일 그렇게 나락으로 떨어지고 있었다.

밥은 도무지 목으로 넘어가지 않았다. 그러는 와중에 내 엄마의 목소리가 자주 들렸다.

*'석순아! 엄마가 네가 좋아하는 거 많이 해 놨어. 많이 먹어!'*

환시 속의 엄마는 병원 식당에 몰래 들어와 내가 좋아하는 반찬을 해 줬다고 했다. 그 말에 나는 조금이라도 밥을 더 먹었다. 실제 엄마가 와 있었는지도 헷갈렸었다. 하지만 나는 그날 정말 맛있는 식사를 했다.

이 병은 그렇게 나를 홀로 고립시키고 다시 일으켜 세우는 악순환을 반복하게 만들었다. 병원에서 듣는 환청은 점점 더 정교해졌고, 망상은 구체적이었다. 남편이 나를 구하러 오다가 팔 하나를 잃고 결국 테러리스트에게 잡혀 잔인하게 죽는다는 이야기까지 들려왔다. 나는 남편의 제사를 지내는 망상과 환시와 함께 또다시 무너졌다.

*"꺼억… 꺼억….”*

소리를 내며 울고 또 울고 내 마음은 이미 지옥을 헤매고 있었다. 변비 때문에 화장실에서 괴로워할 때 힘내라며 응원하는 목소리가 환시로 들렸다. 북소리와 함께 들렸던 격려의 말. 내가 좋아하던 연예인의 목소리였다. 그 소리는 내가 살아야 할 이유처럼 느껴지기도 했다. 이 병원에서의 삶은 그저 치료보다도 생존의 연속이었다. 나를 붙잡고 있던 목소리들과 매일 전쟁을 치르며 나는 살아남으려 했었고. 이기는 법은 몰랐지만 버티는 법은 알게 되었다. 그렇게 조현병이라는 파도에 휩쓸린 채 끝없이 숨을 고르며 시간은 흘렀다.

## 제7장. 절망의 끝에서

15년 전, 내 몸은 조용히 신호를 보내고 있었다. 밥을 먹으면 위에서부터 식도로 무엇인가 차곡차곡 쌓이는 느낌…. 명확한 통증은 없었지만 이상한 불쾌감이 퍼졌다. 시간이 지날수록 숨이 막히듯 가슴이 조여 오고 급기야 호흡이 힘들어졌다. 병원은 순서를 기다리라 했지만 나는 점점 숨을 쉴 수 없었다. 죽음이 가까이 온다는 생각이 들었다. 다급히 한의원으로 향했고, 의사는 혈과 기가 막혔다는 진단과 함께 응급 침을 맞았다. 그날 나는 간신히 삶으로 돌아왔다.

몸이 보내는 신호는 계속되었다. 일하다 허리를 삐끗했고 디스크 진단을 받고 물리치료를 받았다. 고통은 다리까지 번졌고 머리를 숙이기도 어려웠다. 그렇게 반년 가까이 다리를 절며 버텨 냈다. 그 후 내 몸은 기이한 방식으로 또다시 무너졌다. 누워 자는 자세조차 불편해져서 몸속 장기들이 한쪽으로 쏠리는 듯한 느낌이 들었다. 요실금과 탈장… 결국 수술까지 받게 되었다. 당시 남편의 수입이 잠시 끊긴 상태였고 내가 일을 하지 않으면 안

되는 시기였다. 그렇지만 나는 살기 위해 수술대에 올랐었다.

몸이 조금씩 회복되자 나는 다시 일을 시작했다. 그러나 이번에는 전혀 예상치 못한 증상이 찾아왔다. 밥을 먹을 때마다 자꾸 혀와 입안을 깨물었고 피가 나기도 했다. 식사 시간이 공포로 다가왔고 결국 밥을 씹어 먹는 방법도 잊어버려 음식을 씹는 방식까지 바뀌게 되었다. 입을 벌리고 혀를 숨기듯 조심하며 밥을 먹었다. 그러다 보니 밥 먹을 때의 내 모습은 마치 노파처럼 보였다.

그러던 어느 날 양쪽 볼 근육이 떨리기 시작했다. MRI를 찍었지만 뇌는 깨끗했고 약 처방을 받고 다행히 증상이 가라앉았다. 그러나 몇 달 후 다시 어금니로 혀를 물기 시작했고 이어서 목이 한쪽으로 돌아가기 시작했다. 입이 저절로 벌어지고 잠을 잘 때는 고개가 위아래로 흔들려 쉽게 잠들 수 없었다. 남편이 고개를 붙잡아 줘도 소용없었다. 그렇게 다섯 달을 버텼다.

나는 매일 절망에 휩싸였다. 내 몸은 이제 내가 통제할 수 있는 것이 아니었다. 정신은 이미 조현병과 사투하고 있었고 이젠 몸까지 나를 배신하고 있었다. 몇 달 동안 매일같이 괴성을 지르며 울었고 부모를 원망했으며 나를 저주했다. 병원에서도 잠깐의 호전은 보이겠지만 완치되지 않을 것이라 했으며 나는 빛을 찾지 못했다. 이것이 나의 근긴장이상증후군의 시작이었다.

## 제8장. 몸의 반란, 고통의 유산

난 누가 보더라도 비정상적인 몸. 사회에는 도저히 적응하기 어려운 상황이었다. 하루에도 몇 번씩 비관적인 생각이 들었고 아래로 끌려가는 듯한 감정 속에서 나는 매일같이 울었다. 거칠게 울고 원망하며 모든 것을 탓했다.

"몸이 이상해요."

이 말은 몇 번이고 병원에서 가족에게 내 안의 나에게 속삭이듯 건넨 절박한 외침이었다. 하지만 처음엔 누구도 심지어 나조차도 그 말을 진지하게 받아들이지 못했다. 몸의 고통은 은밀했고 설명할 수 없었으며 점점 나를 배신하듯 무너져 갔다.

밥을 먹을 때마다 혀가 어금니에 씹히기 시작했다. 어느 날은 혀가 베일 듯 깨물려 피가 났고 통증은 며칠씩 입안에 남아 밥을 삼키는 것이 고통으로 바뀌었다. 식사는 두려운 시간이 되었다. 나는 혀를 씹지 않기 위해 어색하게 입을 벌리고 천천히 조심스럽게 밥을 씹어야 했다.

이름도 낯선 이 "근육 통제 불가 병"은 치료가 완전한 회복을 보장하지 않는 병이었다. 약과 주사로 증상을 완화할 수는 있었지만, 다시 악화될 수 있는 "함께 살아가야 할 병"이었다.

주사를 맞고 약을 먹으면서 잠시 호전되는 듯했지만 다시 얼마 지나지 않아 목이 비틀리기 시작했다. 고개는 한쪽 방향으로 저절로 돌아갔고 입이 멋대로 벌어졌다. 이 병은 단순한 신경계 증상이 아니라 내 삶 전체를 뒤흔드는 파도였다.

물건을 집을 수 없는 손. 원하지 않는 방향으로 꺾이는 목. 제어되지 않는 근육의 움직임은 일상 하나하나를 파괴했다. 일을 그만두고 다시 침대에 눕는 시간들이 이어졌다. 죽고 싶은 마음이 찾아왔다. 몸은 내 뜻과 상관없이 움직이고 나는 그 움직임에 끌려다녔다.

나는 이 병을 받아들이기까지 오랜 시간이 걸렸다. 내가 평생 안고 가야 할 동반자라는 것을 받아들이기까지 수많은 좌절과

분노가 있었지만 살기 위해 스스로 이길 수 있으리라 다짐했다.

**제9장. 다시 꾸는 꿈**

　주사를 맞으며 (물론 주사가 완전히 병을 고칠 수는 없지만) 몸이 조금씩 회복되자 나는 나 자신에게 물었.
　*'지금 이 삶에서 나는 무엇을 다시 시작할 수 있을까?'*
　여전히 병원에서 주사를 맞고 약을 복용하며 살아가야 하지만 내 안에 희미하게 빛나는 "다시"라는 말을 연일 중얼거렸다. 아프지 않던 시절로 돌아갈 수는 없지만 무언가를 향해 한 걸음 내딛고 싶은 마음. 그것이 나를 일으켜 세웠다.
　몇 년 전 남편과 함께 모아 놓은 돈으로 사 두었던 시골 토지들이 있었다. 그 땅들을 이번에 하나둘 매각했다. 생각보다 순조롭게 진행되었고 세 개의 작은 땅이 모두 팔렸다. 그 수익금은 크지 않았지만 나에겐 너무나도 소중한 기회였다.
　나는 그 돈으로 주식을 시작했다. 늘 관심만 있었을 뿐 직접 해 본 적은 없었다. 그동안 집안일과 병치레로 여유가 없었기에 감히 손도 대지 못했던 세계…. 그런데 이번에는 달랐다. 공부하고 알아보고 배워 가며 새로운 세상을 만나고 싶었다.
　처음엔 경제 뉴스부터 보기 시작했다. 유튜브에서 주식 전문가들의 강의를 듣고 투자 관련 책도 펼쳐 보았다. 물론 이해가 안 되는 부분도 많았지만 내가 무엇인가에 열중하고 있다는 사실만으로도 숨이 트였다. 그렇게 몇 주 몇 달이 흐르고 매일매일 경제의 흐름을 파악하려 노력하는 내 모습에 나 스스로도 놀랐다.
　하루 종일 듣고 앉아 있는 것도 힘든 일이었다. 어떤 날은 머리가 아프고 속이 울렁거릴 정도로 피곤했다. 하지만 이전과 달리 이 피곤함은 살아 있음의 증거였다. 나는 다시 무언가를 배우고 있었고 꿈을 향해 움직이고 있었다. 더 이상 일은 못 하더라도 내 삶을 내가 꾸려가고 있다는 자부심을 가지고 싶었다. 그리고 나는 그런 내 자신이 자랑스러웠다.

남편에게 기대어 살아가는 현재의 삶도 감사하지만 나는 두 발로 서고 싶었다. 아이들과 함께 나누는 미래의 행복도 중요하지만 그 행복을 더 단단히 쥐기 위해서는 내 안의 '의지'가 무엇보다 중요했다.

'쓰러져도 다시 일어나고 멈춰도 다시 걸어가고….'

이렇게 나는 오늘도 꿈을 꾼다. 다시 꾸는 꿈은 아프기 전보다 더 소중하다.


## 제10장. 곁에 있어 준 존재들

어려운 시간을 지나며 나는 진심으로 느낄 수 있었다. 누군가 내 곁에 있다는 것이 얼마나 크고 귀한 힘이 되는지를. '조현병'과 '근긴장이상증후군'을 앓으며 병원에 입원해 있던 몇 달 동안 나는 나 자신에게조차 마음을 닫은 채 눈물로 버티고 있었다. 하루하루를 견디는 것도 힘겨웠던 그때, 예상치 못한 따뜻한 손길들이 나를 감싸 주었다.

내가 좋아하는 음식을 사 들고 병원 면회를 와 준 친구들. 바쁜 시간을 쪼개 와 준 그들의 발걸음은 단순한 방문이 아니었다. 그것은 '너는 혼자가 아니야'라는 무언의 위로였고 내 가슴속 깊은 곳을 울렸다. 겉으로는 웃으며 이야기했지만 돌아서며 나는 참 많이 울었다. 이 눈물은 외로움이나 서러움에서 나오는 것이 아니라 고마움과 미안함에서 나오는 눈물이었다.

　작은올케도 생각난다. 몸보신하라며 정성껏 준비한 음식을 보내 주고 때로는 생일도 챙겨 주며 말 한마디에도 따뜻한 위로를 담아 전해 주는 사람이다. 나보다 나이가 어리지만 덕망이 있으며 그 마음의 크기와 깊이는 누구보다도 크고 성숙했다. 올케는 늘 조심스럽게 말했고 내 기분을 먼저 살펴주었다. 그 섬세한 배려에 나는 매번 마음이 움직였다.

　그리고 항상 긍정적으로 이야기해 주는 큰올케와 늘 마음으로 응원해 주는 막내올케 또한 가족의 한 일원으로서 함께해 주는 마음이 늘 감사하고 고마워진다. 늘 평생을 아픔의 고통 속에서 살아 내는 나의 큰오빠는 생각만으로도 코가 찡긋하며 가슴이 아리다.

　항상 엄마 곁에서 모든 일 제치고 무엇이든 엄마의 손과 발이 되어 주는 나의 언니 같은 존재이자 멘토인 작은오빠는 내겐 언제나 마음으로 위로가 되며 믿음직스러운 오빠다.

　우리 막냇동생 또한 언제나 나의 마음속에서 생각만으로도 가슴이 벅차고 무엇을 내주어도 아깝지 않은 귀염둥이다. 나이가 들어도 언제나 내 가슴엔 어린아이처럼 베풀어 주고 싶은 마음이 들게 한다. 이 또한 나의 가족으로서 한쪽 가슴에 언제나 쓸쓸함으로 다가옴을 느낄 때마다 조금씩 아쉬움으로 남아 있다.

　내게 무엇을 주어서가 아니다. 말 한마디라도 상대의 기분을 파악하며 격려해 주는 사람이 진짜 가족이다.

　우리 네 가족도 마찬가지였다. 말로 다 표현할 수 없는 고마움. 병원에서 돌아와 아무 말 없이 내 손을 잡아 준 남편, 눈빛으로 걱정을 감춘 아이들…. 모두가 말없이 나를 지켜 주는 울타리가 되어 주었다.

  그리고 내 곁을 끝까지 지킨 나의 초롱이. 반려견 초롱이는 내가 괴성에 가까운 울음으로 매일 울던 그 시절. 처음엔 두려움에 내 곁을 멀리했다. 내 정신적 상태가 너무나도 이상했던 나머지 초롱이조차 무서워했던 것이다. 하지만 시간이 지나며 다시 나에게 다가왔다. 내 무릎 위에 올라와 가만히 있는 그 따뜻한 체온은 내게 말할 수 없는 위로가 되었다. 초롱이는 내 환청, 환시, 망상의 순간마다 내 곁에 있었다. 무서워서 방 안 구석에 숨어 있을 때도 고요한 눈빛으로 나를 바라보던 그 아이. 그리고 결국 긴 병마 끝에 무지개다리를 건너갔다. 초롱이의 죽음은 내게 또 하나의 깊은 상처였지만 동시에 초롱이가 남긴 사랑은 너무나 따뜻하고 깊었다. 이 존재들이 있었기 때문에 나는 무너지지 않았다. 내가 혼자가 아니라는 걸 알려 준 사람들과 존재들. 그 모두가 내 인생의 은인이다.

  삶은 생각보다 버겁고 감당하기 어려운 시련을 던져 준다. 그러나 누군가 내 곁에 있다는 사실은 그 시련을 통과할 수 있게 해 주는 아주 강한 등불이 되어 준다. 내가 살아 있는 이유. 견딜 수 있었던 이유는 바로 그들이 있었기 때문이다.


## 제11장. 쓰러지지 않는 마음

  나는 다시 한번 삶 을 돌아본다. 고통과 절망. 그 끝에서 움켜쥔 희망. 그 희망이 지금의 나를 만들었다. 쓰러져도 다시 일어나기를 반복했던 지난 시간 들 속에서 나는 어느새 많은 것을 배웠다.

　이 두 가지 질병은 평생 내 삶에서 지워지지 않는 흔적이 되었지만 그것이 나를 단단하게 만들었다. 나는 이 병들을 이겨 내야만 했다. 다시 사회에 나서지 않더라도 내 일상과 내 감정을 통제할 수 있을 만큼은 반드시 이겨 내야만 했다.

　예전엔 누군가의 인정을 받기 위해 참 잘했어요 도장을 받기 위해 죽을힘을 다해 달렸지만 지금은 다르다. 이제는 내가 나에게 도장을 찍어 줄 수 있다.

　*"오늘도 잘 버텼어. 참 잘했어."*

　이 말이 누구에게는 별것 아닐지 모르지만 내게는 하루를 살아갈 힘이다. 내가 나를 인정하지 않으면 아무도 나를 인정해 주지 않는다. 나를 일으키는 것은 결국 내 안의 목소리였다.

　사실 지금도 하루하루 여전히 싸움이다. 몸의 떨림이 다시 오지 않을까, 환청이 다시 들리지는 않을까…. 두려움은 항상 존재한다. 하지만 그 두려움조차 내가 품고 살아가야 할 나의 일부다. 두려움은 외면한다고 사라지지 않는다. 받아들이고 인정하고 함께 가야 하는 것이다.

　오늘도 나는 마음의 일기를 쓴다. 지금의 감정. 오늘 있었던 일. 나를 웃게 했던 작은 순간들을 기록한다. 그것들이 모여 나의 하루가 되고 내일이 된다. 그 조각들이 모여 결국 삶이라는 긴 호흡을 만들어 낸다. 나는 앞으로도 계속 살아갈 것이다. 때로는 넘어지고 때로는 멈춰 서겠지만 다시 또 일어날 것이다. 나를 위해 내 가족을 위해 그리고 내 안의 작고 단단한 희망을 위해 나는 살아간다. 쓰러지지 않는 마음으로.

#1  10년 후 밥상

　사람은 누구나 돈벌이를 하려면 '을'이라는 명찰을 차고 다닌다. 어떤 직업이든 해당되지 않는 일은 없다. 보이지 않고 드러나지 않지만 누구나 눈치를 보며 살아간다. 그것이 바로 '입장'이라는 것이다.
　오랜 경륜과 모진 풍파를 겪으며 함께해 온 중년들은 말하고 싶다. 직장 생활을 하건 내가 대표이건 '머니'라는 관계에서 벗어나지 못하는 이상 결국 남의 돈을 내 것으로 만들어야 하는 일인데 그것은 당연한 이치라고 말하고 싶다.
　덧붙여 그렇게 생각하면서도 그 관계에서 벗어나고 싶다거나 좀 더 나은 환경에서 일하고 싶다거나 하는 희망은 누구나 가질 수 있지만 그런 일이 사라지는 일은 결코 없기 때문이다. 식당을 운영하는 사장님도 커피숍을 하는 사람도 기업을 이끌어 가는 대표도 마찬가지다. 사장은 직원이 일을 잘할 수 있도록 눈치를 봐야 하고 식당은 손님들이 만족할 수 있도록 끊임없이 레이더망을 펼쳐야 한다. 이렇듯 내 통장 속 동그라미가 늘어난다는 것은 결코 쉬운 일이 아니다.
　인생을 살아가면서 돈은 결코 쉽게 내게 오지 않는다.
　누군가 말한다.
　*"넌 운이 참 좋은가 봐."*
　농담인 듯 진심인 듯 말꼬리를 흐린다.
　하지만 '운'이 아무리 좋아도 가만히 입만 벌리고 있는 사람에게 '돈'이라는 아이가 덥석 안겨질 것인가? 천만의 말씀이다.

나는 부자도 아니고 그렇다고 아주 가난하지도 않다. 결혼과 동시에 사천만 원의 마이너스 인생으로 시작하여 30여 년의 세월을 견디고 끊임없이 노력하며 '희망'이라는 단어를 가슴에 새기고 또 간절히 바라며 건강하지 못한 몸으로 지금까지 버텨 왔다. 치열하게 나 자신과 싸우며 아픔과 슬픔, 괴로움과 행복이 서로 뒤엉킨 삶을 살아왔다. 너무나 많은 일을 겪어 왔기에 인내의 과정 없이는 그 무엇도 이룰 수 없다는 것을 잘 안다. 이것이 바로 평범한 사람들이 끌고 가는 '삶'이라는 것이다.

이 과정을 피하고 싶고 겪고 싶지 않으며 그렇게 살고 싶지 않은 마음은 모두가 똑같다. 하지만 살면서 한순간의 잘못된 선택이나 방향을 잃은 판단은 나이가 들어 노년이 되어서 아니 죽기 직전까지도 그 고뇌를 감당해야만 한다.

그런데 보통 사람들은 그것을 제대로 인지하지 못하고 당장의 안락과 평안함을 좇으며 "나중에 무슨 수가 생기겠지" 하며 미룬다.

절대! 내일 할 일까지도 미리 하라고 말하고 싶다. 그리고 그 일을 끝낸 후에는 그다음 일을 생각하라고 감히 말하고 싶다. 각자의 미래를 위해 매일같이 생각하고 도전하고 모험하며 살아가도 남은 삶이 안전하리란 확신이 없기 때문이다.

분명한 것은 남들보다 빨리 생각하고 먼저 행동하며 성공한 사람을 '시기'하고 '질투'할 것이 아니라 그 사람이 어떻게 성공했는지 배우고 따라 하려고 노력해야 한다는 것이다. 긍정적인 마음으로 전쟁 같은 삶을 내가 주체가 되어 이끌어 가야 한다. 그래야만 이 격변하는 세상 속에서 살아남아 중년 이후의 *나*는 지나간 모든 세월을 추억하며 *"참 잘 살았구나"*라는 마음으로 편안하게 살아갈 수 있지 않을까 생각해 본다.

　지금의 삶은 의학과 과학이 발달하여 살아야 하는 시간이 훨씬 길어졌다. 삶의 폭이 넓어진 만큼 앞으로는 좀 더 깊이 있고 의미 있는 하루하루를 살아야 한다. 젊은이들이여 딱 10년만 용기를 내어 내 인생을 저당 잡혀 보기를 권하고 싶다. 그리고 서둘러 포기하지 말라고도 말해 주고 싶다. 그 시간은 길다면 길고 짧다면 얼마 안 되는 시간이다. 훗날 *"참 잘했구나"* 하는 날이 반드시 올 것이기 때문이다.

　그러나 무턱대고 계획 없는 열정과 미래지향적이지 않은 일을 막무가내로 한다면 그것은 헛수고다. 세상이 어떻게 돌아가는지 항상 관심을 가지고 파악해야 하며 내가 잘할 수 있는 분야가 무엇인지 늘 고민하고 찾아 나서야 한다. 그 과정에서 실패와 성공을 오가며 값진 하루하루를 쌓아 나가야 한다.

　내가 무엇을 잘하는지, 무엇을 잘할 수 있는지는 나 자신도 모른다. 부딪혀 봐야 안다. 젊을 때는 쓰러져도 다시 일어나기가 어렵지 않지만 나이가 들면 그 일이 백 배 더 어려워진다.

　모든 이들이여, 힘냅시다.

　코로나19뿐만 아니라 또 다른 바이러스들이 세상을 어지럽히고 있다. 그 와중에도 많은 사람들이 변화의 중심에 뛰어들고 앞다투어 새로운 패러다임을 선점하려고 불을 켜고 밤을 새운다. 우리는 이 변화 속에서 한 발을 걸쳐야 한다. 작은 개인이 큰 세상을 만들어 내지 못한다면 최소한 이미 차려진 밥상 위에 젓가락 한 짝이라도 얹어 조그만 지분을 획득해야만 한다. 그것이 곧 미래의 나에게 가져다줄 '*진수성찬*'이 될 테니까.

　그러기 위해서는 앞서 말했듯 지금부터라도 준비해야 한다.

그 발 하나를 어디에 어떻게 걸칠 것인지 끊임없이 고민해야 한다. 현재 내가 할 수 있는 노력을 꾸준히 이어 가며 주변을 살피고 기웃거리기도 하면서 10년을 만들어 간다면 후회 없는 삶을 살 수 있지 않을까 생각해 본다.

## #2  가장의 한숨

수시로 밤잠을 설치며
잠을 이루지 못한다.
내게 집안 살림을 불리게 하는
소득분이 조금씩 커질수록,
밖에서 일하는 두 어깨가
눌려 옴을 자주 눈치채게 된다.
인생을 짊어지는 장벽은 점점
무거워지고 같은 공간에서
다른 생각으로 자다 깨기를
반복하며 많은 생각에 잠긴다.
책임감 속에서 적지 않은 실타래가 엮이고,
풀어야 한다는 강박감으로 하루가 시작된다.
오늘 새벽도 마음의 무장을 어깨에
잔뜩 실은 채,
안개 짙은 거리를 향해
재빠르게 사라져 간다.

## #3  경제적 자유

요즘은 다양한 콘텐츠를 활용하여 아이부터 어른까지 스마트폰을 손에서 놓지 못하게 만든다. 이 시점에서 중요한 것은 내가 궁금해하는 채널과 그렇지 않은 것을 구분하여 구독해야 한다는 점이다.

경제 활동을 하고 있든 하고 있지 않든 그것은 중요하지 않다. 중요한 것은 내가 앞으로 어느 방향으로 갈 것인가에 대한 확고한 목표를 가지고 선택하는 것이다.

그저 매일 내게 필요하지 않은 채널을 10년 동안 보는 것과 자기 발전에 도움이 되는 콘텐츠만을 찾아 10년 동안 보고 듣고 간접 체험하며 요령을 터득하고 실행하는 것. 그 두 가지 경우에서 10년 후의 모습은 얼마나 달라질까? 우리는 이 점을 고민할 필요가 있다.

특히 10대, 20대, 30대들에게 젊은 시간은 얼마나 귀중한가. 그 시간이 미래의 나를 어떻게 변화시키고 꾸준한 사람으로 성장하게 할지를 한 번쯤 깊이 고민해 보자. 물론 많은 유혹이 여기저기 도사리고 있다. 고리타분한 이야기로 들릴 수도 있고 흔히 말하는 *'라떼는 말이야'* 같은 소리로 들릴 수도 있다. 하지만 누구나 그러한 유혹을 느끼고 갈등하며 진리와 소멸 속에서 흔들린다. 그것이 바로 인간의 가장 큰 결점이다.

그럼에도 불구하고 소위 부자가 되고자 하거나 무언가를 이루고자 하는 사람은 반드시 성공한다. 그 이유는 바로 *'자제력'* 때문이다.

성공은 반드시 부자가 되는 것만을 의미하지 않는다. 성공의 기준은 사람마다 다르다. 하지만 사람들은 보통 경제적 자유를 누리는 사람을 '*성공한 사람*'이라고 말한다.

앞에서 언급했듯이 경제적 자유를 이룬 사람들은 굉장한 인내심과 열정, 목적의식, 집요함, 끈기, 그리고 노력을 차곡차곡 쌓아 결과를 만들어 냈을 것이다. 반면 우리는 그저 흘러가는 대로 몸을 내버려두고 너무 안일하게 살아간다면 앞으로 닥칠 어떠한 위기 상황 속에서 흔들리게 되고 결국 더욱 깊은 구렁텅이로 빠져 버릴 수 있다.

또 다른 경제 위기, 외환 위기, 인플레이션, 디플레이션, 금리 변동성 등은 살면서 죽기 전까지 한 번 아니 두 번 또는 여러 번 찾아올 수 있다. 세계 경제는 하나로 엮여 있으며 마치 자전거의 두 바퀴처럼 서로 맞물려 돌아간다.

자전거의 앞바퀴가 돌아가지 않는데 뒷바퀴가 제대로 굴러갈 수 있을까?

세계화가 심화될수록 우리는 앞 체인이 잘 굴러가는지 튜브의 바람이 빠지진 않았는지를 점검해야 한다. 페달을 밟다가도 자전거도로에서 작은 돌멩이라도 밟는 순간 "*어이쿠!*" 하면서 자전거 바퀴의 고무 타이어와 내 엉덩이가 무사하기를 바라게 된다. 이렇듯 매 순간 조심하고 상상 속 위기도 고려하며 미리 계획하고 준비해 간다면 거대한 변화 속에서도 우리는 다소 힘들지만 충분히 헤쳐 나갈 수 있으리라 생각해 본다.

이처럼 하루를 준비하고 적극적이고 도전적이며 진취적인 삶을 살아간다면 앞으로의 나는 알차고 밝은 미래를 맞이할 것이라 감히 추측해 본다.

## #4 고독

매일매일 서성거린다.
마음이 머문 곳에
몸이 닿을 수 있도록 서성인다.
어두운 이 밤
새근새근 잠을 청하는
풀벌레 소리
까만 밤을 지새우며
고개 숙인 풀잎들을
새초롬히 걷어 내어
기나긴 시간 고독을 청해 본다.
어둠 속에서
멀리 들려오는 소리에 귀 기울이니
나를 보라고 외치는
반딧불의 날갯짓 소리가
심금을 울린다.
마음은 울컥하는 쓰라림으로
휘파람 소리 애잔하게 맞이하지만
끝도 없이 서성이는 내 마음은
기댈 곳을 찾아 헤맨다.

## #5 고무줄

운동장 고무줄놀이는
추억의 콧노래
친구들아 뛰어 보자.
오늘은 운수 좋은 날!
깍두기로 당첨됐다.
고무줄 끊어 놓고 도망가는
저 빡빡이
얼른 잡아 딱밤 때려
사고뭉치 손 못 대게
으름장 놓아 보자.

## #6　관계

내 나이 스물여섯 인생 2막이 시작되었다.

나는 외유내강형 인간이다. 어릴 땐 현모양처가 되고 싶었다.

결혼 전엔 하고 싶은 것 이루고자 하는 열망과 열정이 한가득이었다.

물론 결혼과 동시에 그런 열정이 사라진 건 아니지만 결혼을 늦추고 싶었던 이유 중 하나가 그것이었다.

나는 호기심이 많다. 보고 듣고 경험하며 지속적으로 무언가 끓어오르는 열망을 덮기엔 아직 젊은 나이다.

헌데 내가 가진 경험이나 어떤 달란트도 내세울 만한 게 없었기에 단지 그 이유만으로 결혼을 미루는 것은 설득력이 부족했다.

그러다 남편을 만났다.

한 사람을 위해 또 나 자신을 위해 살고자 결심했다.

남편을 선택한 이유는 세 가지였다.

첫째, 그의 *"진심과 성실함"*이 느껴졌고

둘째, *"측은지심"*이 들었으며

셋째, *"그가 나를 필요로 하는 사람"* 이라고 생각했기 때문이다.

나는 그렇게 더딘 사랑을 하며 결혼 후에야 사랑이 생겼다는 것을 깨달았다.

대부분의 사람들은 연애 초반 서로에게 잘 보이기 위해 애쓰며 사랑을 만들어 간다.

나만의 감춰진 비밀과 결점까지도 그 속에 함께 버무려지며 상대의 장단점을 있는 그대로 받아들이길 바라고 백마 탄 왕자

와 신데렐라를 꿈꾸기도 한다.

남편은 내게 첫눈에 반했다고. 아니 첫 만남부터 내 여자가 될 것 같다는 느낌이 들었다고 했다.

꾸미지 않은 순수함, 여성적인 외모 그리고 왠지 모르게 끌리는 분위기가 자기 마음에 꼭 들었다고 말한다.

하지만 나는 도무지 이해할 수 없었다.

"어떻게 사람을 한 번 보고 그렇게 판단할 수 있단 말인가?"

그래서 두 번째 세 번째 만남에서도 묻지 않을 수 없었다.

사실 나는 남편과의 첫 만남에서 '아, 이 남자다.' 하는 느낌을 받지 못했다.

그래서 그의 말을 더욱 믿기 어려웠다.

그를 만나면서 깨달은 점이 있다.

보통 젊은 남자들과는 조금 다른 사람이구나 하는 느낌이 들었다.

첫 만남부터 전혀 꾸미지 않은 그의 모습.

친구의 소개로 처음 만났을 때 남편은 등산복 차림이었다.

"뭐지…?"

내심 당황스러웠다.

1992년 11월 26일, 제법 추운 날이었다.

나는 검은색 롱 코트를 입고 나갔다.

나는 그 당시 자존감이 낮은 사람이었다.

남편이 나를 선택한 이유를 내가 깨닫지 못하거나 설득되지 않는다면

우리의 관계는 허망해질 것 같았고 만나야 할 이유도 없었다.

그는 말했다.

"내 모습엔 순수함과 단아함 여자다움이 한눈에 보였어."

그 시대의 남자들이 희망하는 반려자의 모습이 나에게서 보였던 것 같다.

나는 말수도 적었고 착해 보인다는 이야기를 자주 들었다.

마냥 여성적으로 보이기도 했고 당시 사람들이 말하는 '조신함'을 갖추고 있었다고.

하지만 나는 그 속에 절반은 남성성도 함께 자리하고 있다는 것을 *"결혼 후에야"* 알게 됐다.

결혼, 그리고 꿈.

사람들은 말한다.

그러나 그것이 말처럼 쉬운가.

그렇게 하려면 10년, 20년 후에나 가능할지도 모른다.

어쩌면 내 머릿속에 잠재한 모든 꿈.

결국 결혼과 꿈은 현실 속에서 어떻게 타협하는가의 문제였다.

결혼과 동시에 꿈을 포기할 것인가 아니면 결혼 후에도 꿈을 좇을 것인가.

나는 내 스스로 답을 해야만 했다.

아이를 키우면서 동시에 남편을 내조하며 살림을 하고

남편이 벌어오는 결과물로 다양한 계산을 하게 된다.

전업주부가 된다는 것은 꽤나 어려운 일이었다.

나는 모든 것을 다 해내고 싶었다.

아이 교육, 살림, 양쪽 부모님 챙기기, 노후대비.

결혼은 혼자 사는 것보다 훨씬 복잡한 문제였다.

지혜로운 삶을 살지 않으면 평범한 가정의 행복조차

누리기 어렵다는 것을 결혼 전에 이미 깨달았다.
결혼은 필수인가 선택인가!
결혼은 필수가 아니라 선택이다.
하지만 그 시절에는 결혼은 필수라는 생각이 강했다.
여자든 남자든 당연히 결혼을 해야 한다고 생각했다.
아이도 당연히 낳아야 했다.
살면서 힘들어도 모든 것을 감수하는 게 당연한 것이었다.
사회는 그렇게 믿도록 만들었다.
나는 어릴 적 대학생들이 민주화 운동을 하면서 최루탄 가스를 맞고
투쟁하던 시절을 기억한다.
그때 부모님과 다른 어른들은 말씀하셨었다.
"왜 공부는 안 하고 자꾸 문제를 일으키는지 모르겠다."
그들의 희생이 없었다면 우리는 지금처럼 편안한 삶을 살 수 있었을까?
나는 그들의 노고와 희생에 감사할 뿐이다.
그런 사회적 영향 속에서 나는 결혼을 당연하게 받아들였다.
TV에서는 *"둘만 낳아 잘 기르자"*는 광고가 매일 나오고
*"첫딸은 살림 밑천"*이라는 말이 자연스럽게 통용되던 시절이었다.

나는 남아선호사상이 팽배한 시대에 태어났다.
딸을 낳으면 며느리가 죄인이 되는 세상이었다.
부모와의 관계,
나는 하고 싶은 말을 마음껏 할 수 없었다.

부당한 일이 있어도 반박할 수 없었다.

누군가는 묻는다.

*"왜 그런 부당한 일에 대항하지 않았어?"*

나는 답할 수 없었다.

그저 할 수 없었다.

내가 부모님께 서운한 감정을 느끼면서도

동시에 감사하고 존경하는 마음도 가졌다.

결혼 후에도 부모님께 잘해야겠다는 생각을 많이 했다.

고등학교 졸업 전

겨울방학에 처음으로 아르바이트를 했다.

한 달 동안 번 돈 24만 원.

*"우와 이렇게 큰돈을 받다니!"*

나는 한달음에 집으로 달려갔다.

엄마께 봉투를 내밀었다.

엄마는 환한 미소를 지었다.

그 미소는 아직도 잊히지 않는다.

나는 부모님께 무한한 감사와 사랑을 느낀다.

그러나 동시에 서운함과 아쉬움도 있다.

결혼 후에도 모든 관계는 노력과 이해 없이는 유지되기 어려웠다.

부모와의 관계도 배우자와의 관계도 마찬가지다.


이 글을 읽는 사람마다 다양한 감정을 느낄 것이다.

누군가는 공감할 것이고, 누군가는 반박할 것이다.

그러나 관계란 결국 있는 그대로를 받아들이는 것이 아닐까.

# #7 구름

맑은 햇살 사이로 무지개가 보입니다.
내가 떠나보낸 구름 병정은 저 멀리로
사라져 갑니다.
어쩝니까, 어쩝니까.
나는 떠가는 토끼 구름이 좋아서
하늘을 바라보고 있는데
엄마 구름이 토끼 녀석을 데리고
가 버립니다.
내일은 토끼 구름과 만나기로 하였지만,
아쉽게도 만나지 못할 것 같습니다.
나는 속상한 마음을 이내 감추지 못하고
집으로 향합니다.
어제는 파릇파릇 돋아난 새 얼굴들의 잎이
살포시 고개를 내밀어
나의 속삭임을 귀담아 듣고 있었습니다.
구름 이야기가 마냥 신기한 듯한 모습입니다.
나의 고향인 비 내리던 습한 기운은
저 멀리 다른 곳으로 가 버리고 말았습니다.

## #8 굴뚝 (1)

시골에서 보이고 알싸하게 느껴지는
한겨울의 굴뚝 향기.
타닥타닥 나무 타는 소리가 맑은 고향의 산뜻함으로
다가온다.

새벽 세 시가 지난 지금의 상큼함은
홀로 이 적막한 시간을 뚫고 콧노래를 부르며
싱그러운 기분을 내 본다.

새벽이면 여지없이 생각나는 굴뚝의 향연.

나는 오늘도 꿈을 받아 시골 정취의 느낌을
마음껏 누려 본다.

# #9　굴뚝 (2)

타닥타닥 나무 타는 소리.
구수하고 정겹다.
저녁노을쯤,
굴뚝의 연기가 모락모락 올라오며
집집마다 저녁 메뉴가
생각나는 시간이다.
뽀얗게 피어오르는 연기는
나의 눈 코 입을
뻥 뚫리게 만드는 재주가 있다.
이것이 바로
시골 냄새 그득한 향기인 것이다.
나는 오늘도 저녁노을의
붉은 색감과
지붕 위로 피어오르는 연기를
고향의 향수로 떠올리며,
시골 생활의 멋진 풍경을
가슴에 담아 본다.

# #10  그대

한 여자를 사랑한 남자.
믿음직하고 멋진 핸섬 보이.
그 매력은
귀엽고 사랑스러운 어린아이 같다.
그 남자는 설거지통 속
습진 가득한 손을 보이며
그 여인의 애처로운 시선을 받는다.
통통거리는 발걸음은
빨래 건조대 곁을 지켜 주고,
부지런한 몸놀림으로
어느새 닭장 속
꾸꾸대고 있는 암탉을 달래 준다.
뒤돌아선 그 남자의 옷매무새가
여지없이 휘청인다.
마른 양말을 접고 있는
그녀의 예쁜 손바닥 위로
달걀 하나가
구르듯 미끄러진다.
수줍은 듯 미소 짓는
그 남자의 뒷모습이
고맙다는 듯
그녀를 안아 준다.

## #11  기도의 마음

지나갑니다. 지나갑니다.
걸어갑니다. 걸어갑니다.
한 손엔 달콤한 솜사탕을 쥐고
다른 한 손엔 채찍을 들고 있습니다.
평온함을 가슴으로 받아들인다는 것은
애초에 태어나지 않았을뿐더러,
수행하는 마음이 있어야 가능한 일이겠지요.
수행이라 함은 곧
나 자신을 실천하는 일.
마음이 요동치며,
더불어 "펑" 하고 터지는 깨달음의 순간이
찾아올 수도 있을 것입니다.
우리는 아리따운 마음과
겸허한 마음으로 온 마음을 채우고,
그 마음을 바탕으로
온전한 삶을 만들어 가야 합니다.
그것이 곧 "나" 자신을 만드는 일이
될 것입니다.

# #12 깨달음(1)

나는 왜
오른손이 한 일은 잊고,
왼손이 한 일들만
기억하려 하는가.
성냄 없이 살아가는
조용한 세상을 마주하고 싶다.
이 아름다운 세상으로 불러주어,
행함의 연속성을 깨닫게 하고,
서로 주고받는 일들은
너와 내가 선순환적으로 이어지는
깨달음의 도리임을
잊고 살아왔다.
이제 우리가 해야 할 일을
정해 놓고 하지 말기로 하자.
하지 않아야 할 일은
정해 놓고 하지 말기로
서로 약속하자.
이것이 곧,
나의 삶인 것이다.

## #13  깨달음 (2)

동트는 새벽녘 이슬이 남겨 놓은 곳에
내 발자국 소리가 요란스레 춤을 춘다.
나무와 나무 사이 거미줄 옭아매며
뉘 목숨 구걸하듯 배꼽 소리 숨을 쉰다.
드넓은 산 능선 위에 점잖은 운무가
가부좌를 틀고 내 마음 녹아내리며
한참을 고개 숙이다 한 장의 흰 종이 위에
그림을 그려 본다.
한참을 고갯짓하며 골짜기 사이사이마다
밤새 사냥하며 발자국 남긴 고라니의
시커먼 속내가 바람을 거슬러 고개를
넘어간다.
어느새 붉디붉은 태양의 존재 아래
우뚝 서 있는 내 그림자가 나의 존귀함을
일깨우며 내 안의 평화로움과 평온함을
다시금 깨우치게 한다.

## #14   꼬꼬마

어느새 커버린 아릿한 가슴.
야구복을 입고
방망이를 함께 휘두르던 그 추억.
조그맣고 작은 고사리손은
스치듯 지나가는 여운을
기억한다.
후후 한숨 짓는 아이의
찡그린 얼굴조차
가슴으로 받아 준다.
넓은 포용으로
상처 입은 아기 새를
따뜻하게 끌어안는다.
브릿지가 유행하던 시절
갸름한 소년의 부푼 설렘은
뿌연 운동장을 달리는
선수가 되어,
맑은 세상을 향해
힘차게 뻗어 간다.
그래 그래
항상 네 그리움을 응원할게.

## #15 꿈

그림자를 따라가자.
마음속 행보는
내가 이끄는 곳에서
꿈을 찾아가려 한다.
감추어진 어둠은
물 흐르듯 소멸되곤 하지만,
때때로 조그마한 빛 속으로
나를 데려다 주기도 한다.
빛은 찬란함과 소박함
이 두 가지를 모두 지니고 있기에
내 삶은 어두운 긴 터널을
빠져나오는 것이
무척이나 힘들고
기나긴 역경이 되었다.
그 터널을
누군가와 함께 나누었으면 좋으련만
바보처럼
출렁이는 바다 위에서
혼자 노를 젓고 있었다.
쓸쓸하고 고독한 인생아
누가 그대의 심정을
이해해 줄 수 있을까…

얼마만큼 더 나아가야
"나"라는 사람을
온전히 알 수 있을까…
막막하다.
그래!
난 처음부터 혼자였고,
지금 이 순간도
혼자임이 분명하다.
하지만,
바람과 나무 사이에서
친구들이 나를 존중해 주고,
반짝반짝 빛나게 해 주는구나.
외로웠지만,
참 잘 견뎌 냈다.
나는 나 자신에게
진정으로 칭찬해 주고 싶다.
그리고 이제,
나를 믿고 맡겨 보려 한다.

## #16  낙엽

낙엽 비가 내리는 계절
흔들흔들 살랑살랑
떨어져 내립니다.
그 모습 감추지 못해
웃어 버리는 낙엽이
지나치는 나를 향해
한껏 자랑을 하지요.
낙엽 비가 흐드러지게
떨어지고 휘날릴 때면
소리 소문 없이 내려앉고 싶지만
그 잎새는 마음껏
날개를 펼치고
술렁술렁 바스락바스락
소리를 지르며
즐거워합니다.

# #17 다스림

외롭고 슬픈 새벽
도로 위를 달린다.
좋아하는 팝 음악의 볼륨이
머릿속을 울렁이게 한다.
차 안은 롤러코스터처럼
흔들리며
마치 다른 세상에 던져진 듯하다.
쉼을 모르는 반딧불은
어느새 고요히 내려앉아
잠잘 곳에 숨는다.
새벽 공기는 시간을 초월하듯
엄마 잃은 풀벌레 소리도
지쳐 가며 익어 간다.
섬뜩한 고라니의
애타는 울음소리조차
내 마음을 동요시킨다.
비트 빠른 음악 소리는
절정의 한계를 넘어선다.
두드림의 웅장함이
마치 클라이맥스를 향해
빠르게 전개된다.
이내 정점을 찍듯 몰아치며

번개처럼 내려앉아 공간의
시간을 멈추게 만든다.

## #18 다은 짱

가늘고 가녀린 아기 손가락
무거운 책가방 속
꿈틀대는 꿈 소녀
공부한다며 가방 속
한아름 책을 끌어안는다.
오물오물 움직이는 작고
귀여운 입술
신발주머니를 잃어버려
서럽디서러운 표정 속
앙다문 입을 내버려둔다.
팔랑팔랑 신이 나는
가을 소풍 날
곱디고운 두 손으로
예쁜 액세서리를
고르고 골라 내 품에 안겨 준다.
어미 새의 마음보다
더 커 버린 아기 새는
응어리진 아픈 마음을
조용히 달래 주며
차디찬 공기를
온몸으로 채우려 한다.
한겨울 여름 치마

뭐가 그리 좋은지
한껏 멋 부리며
빙그르르 돌아본다.
멋지게 돌아가는
회전목마의 웅장함보다
깜찍한 소녀의 힘찬 꿈을
응원한다.

## #19 동생

그늘 아래 자리 잡고 앉아 있는
네 모습을 상상할 때면
누나의 마음은 너무나도
흐뭇해지는구나
축구화를 신고서
축구공과 함께
어슬렁어슬렁거리며
넌 내 마음을 흔들어 놓았지.
넌 말이야!
나의 하나뿐인
소중한 사랑이란다.
그 누구와도 바꿀 수 없는
사랑스러운 보물이란다.
문밖이 어스름해질 때까지도
축구공을 발로 휘두르며
누나에게 이야기했단다.
*"누나! 이 공 받아 봐!"*
장난스럽게 내 마음을
열어 놓았지.
집 앞 어두운 골목길에서
공을 차다가
네 얼굴이 누군가의 발에 맞아

"엉엉" 울며 대문을 열고
집으로 들어왔을 때
누나는 너무나 깜짝 놀라
*"우리 애기 누가 때렸어! 누구야!"*
하면서 잔뜩 화난 얼굴로
대문을 박차고 나갔었지.
귀엽고 작은 동생의 예쁜 얼굴이
이렇게 일그러지다니
누나는 네가 아프지 않길 바랐고
널 때린 친구를 책망하려 했단다.
사랑하는 동생아!
우리는 서로 하나 되어
온 우주를 가로지르는
방해꾼들을 미워하지 말고
사랑으로 보듬어 주면
되지 않겠니.
사랑은 말이야
큰 사랑과 작은 사랑이 있듯이
우리는 그 모든 사랑을
함께 지녀
모든 이들에게 나누어 주고
덮어 주고 애쓰면서
모든 이들에게
본보기가 되어 주는 것도
좋지 않을까

하는 생각을 해 본다.
나의 사랑스러운 동생아
힘들어도
어려운 발걸음마다
서로가 힘이 되어 주고
이끌어 주면서 함께할 수 있도록
온몸을 다해 함께 헤쳐 나가자.
그것이 곧 우리의 소망이라
누나는 생각한다.
재롱둥이야!
사랑하고 고맙고
또 고마워.
그리고,
행복하자!
사랑한다 나의 동생아.

# #20 목소리

상쾌한 아침을 맞이했다.
그리움은 한층 더디게 다가와
꿈자리에 머물렀다.
방향을 돌려보는 해바라기처럼
내 사랑의 행복은
한 떨기 꽃이 되어
나만 바라보고 있네.
그리운 낙엽이
언제까지 내 가슴에 머물 수 있을지 모르지만
나는 늘 당신의 눈 속에 스며들어
한층 더 많은 사랑을 내뿜을 것이다.
낭랑한 아이의 목소리조차
아름다운 사랑의 꽃으로 피어나길 청해 본다.
곱고 부드러운 목소리는
내 마음을 더욱 아름답게 만든다.
고맙고 또 고마워요.
그리고 감사하고 또 감사합니다.
내게 이런 기쁜 마음을 선사해 주어 진심으로 고맙습니다.

## #21  무명

사람이 살다 보면 집착의 끈을
놓지 못하여 그 연결 고리를
지속적으로 데리고 다닌다.
그 무명으로 인하여 우리는
속고 속이고 속이며 마음을
내려놓지 못하곤 한다.
삶은 저만치 걸어가고 있으며
때론 날아다니고 싶어 하기도 한다.
그러나 인생은 그 이치를 깨닫지
못하여 번뇌의 길 위에서 헤맨다
나는 어디에 있으며 어디로 갈 것인가를
생각하여야 한다.
그건 곧 삶의 지혜를 깨닫게 하고
낡은 무명을 뒤로한 채 올바른 인생으로
삶을 바로잡을 수 있도록 해야 할 것이다.

## #22  바보사랑

터벅터벅 둘레둘레 걸으며
그대의 엄지손가락을 꼭 잡은 내 손
설혹 미끄러져
빠질지 모르는 상황이 벌어진다 하더라도
이 손은 온 힘을 다해
부서지도록 바보 사랑입니다.
꽃밭에 서면
그대가 꽃인지 사랑 꽃인지
알 수 없어
*"무엇을 가져다줄까?"*
하며 이곳저곳 바라보다
애인의 마음 속 감성으로
빠져들어 갑니다.
공감을 모르는 당신의
감동적인 꽃 사랑은
제 마음을 온통 사로잡았습니다.
사계절의 화려함이
온전히 그곳으로 이끌고
얼어 버린 강 속의 물고기가
샤워하듯 튀어 오르는 날
바다처럼 커다란 웅덩이는
출렁이는 배의 몸 상태를

최적화시키는 순간이 됩니다.
우리 사랑도
지금보다 더욱 깊이 빨려 들어갈 수 있도록
스트로를 반으로 잘라
양쪽에 실을 꿰어
빙글빙글 돌리는
아름다운 꽃처럼
앞으로도 우리 사랑의 염원은
계속 이어질 수 있을 거라
생각해 봅니다.

# #23   백년살이

피우지 못한 작은 꽃봉오리야!
너는 어찌 문안 인사조차 드리지 못한 채
해 저물 듯 녹아내려 갔느냐.
인생사 허무하구나.
앞다투어 피어나는 무리들을 보아라.
네게는 마음의 욕심이 없는 것인지
아니면 여기까지인지 너조차 모르는구나.
애처롭게도 우리네 인생살이 또한 똑같구나.
저물며 저물지 않으려 애쓰는 태양처럼
내 마음도, 네 마음도
같은 홍역 앓이를 하고 있구나.
조그만 알약 하나
톡톡 녹아 버리면
그만인 것을
우리는 서로 목말라 있었지
그래도 어쩌겠니 어쩌겠니.
너와 나는 여기까지의 생이
그리 크지 않다고 생각되지만
인생 다반사
백 년도 넘는 세월이란다.
그 세월은
감히 생각지도 못하는 "삶"이지.

꼭 기억하자.
우린 백 년도 더 살아 낼 수 있다는 것을 말이야.

# #24  백마

그대
꿈속으로 저를 데려가 주세요.
한날한시에 그대와 내가
같은 꿈을 꾸고 싶습니다.
저의 꿈은
행복한 마음꽃이 피어나
그대에게 전달되는 것입니다.
그대가 우울하면
제 꿈속에서 피눈물이 흐르고
그대가 행복하면
나의 꿈 바라기 안에는
행복의 마차가 달려가거든요.
그러니 내 앞에서든
누구 앞에서든
활짝 활짝 미소를 지어 주세요.
나의 꽃마차는
신데렐라의 유리 구두처럼
맑고 투명한 성 안으로
함께 나아가길 염원하기 때문입니다.
우리는 슬픔을 땅에 묻어 버리고
행복을 지구 위로 들어 올려
빛나게 떠올리는 연습을 해야 합니다.

그러면 그 백색의 하얀 마차가 달려와
그대와 나의 꿈을 이루어 줄 것입니다.

## #25 벗

그리운 친구들아.
어릴 적 동네 꼬마들이
세월을 넘고 넘어
이제는 오십의 중년에 이르렀구나.
어디에서 무엇을 하며 살고 있는지
행복하게 지내는지
때론 온갖 걱정을 끌어안고 살고 있는지
궁금하구나.
늦었지만
한 번만이라도 모두 만나 보고 싶다.
어린 시절 숨바꼭질 놀이에 푹 빠져
어둑어둑한 저녁이 되도록
항아리 사이에 숨어 있던
내 모습이 떠오르는구나.

## #26 베르터

차 한잔의 울림과
돌림노래 같은 여운은
공허함 속에 묻혀 버린다.
가까이 있어도
빛을 발하지 못하는
안타까운 쓰라림 속에,
상처로 남아
담배 한 꽁초 짓이겨
꺾어 버린다.
애달픈 베르테르의 슬픔처럼
격정의 카타르시스가 방출되듯
그 상처는 너무 깊다.
그런 슬픔을 꽁꽁 싸매듯
고독으로 마무리하려 한다.
베르터야
혼자 아파하지 말라고
아니 슬픔을 참지 말라고
굳이 잊으려 애쓰지 말라고
온 신경이 마비된 듯
몸부림치지 말라고.
쓰린 영혼이 나락으로 떨어질까 봐
너무 슬퍼하지 말라고.

## #27  변화

멋진 하루하루는
나의 미래이기도 하다.
지금 이 시대는
변하지 않는 사람과
변하고 있는 사람들로
나뉘어 가고 있다.
세계적인 혁신 기업가가 있듯이
비혁신적인 기업도 존재한다.
개인도 마찬가지다.
매일이 다르게
격변하는 세상에 적응하지 못하고
게으른 삶을 살고 있다면
단 한 번이라도
노력해 봄 직하다.
조금씩 천천히 올라서며
누군가의 손때 묻은 마음과
힘겹게 쏟아부은 결정체들을
고르고 골라 나만의 것인 양
잘난 체해 보자.

## #28  보배

내 나이 중년이 되어
뒤안길 돌아보니
놓치며 걸어온 일이
너무 많더라.
바쁘다는 핑계로
아이들의 재롱과
큰 웃음은
하루가 멀다 하고
지우개처럼 지워지기 일쑤였다.
매일같이 밥 세끼를 먹는 일이
뭐가 그리 바빴던지
이제 와 생각해 보니
세상에서 제일 큰 보배는
아주 작은 우리 아이들이었다.

## #29   보이지 않는 사랑의 손

오늘은 그대를 만나는 날이다.
나보다 더 초췌한 모습이
내 마음을 짠하게 한다.
햇살을 가로지르며 넘나드는 우리의 속삭임은
저들로 하여금 질투를 자아내고
달콤한 사랑의 온정을 그려 낸다.
사랑이 더욱 커지기를 바라며
그 손의 애틋한 감정이
내게로 전율되어
안타까운 마음으로 그녀를 지켜본다.
사랑이여 너무 슬퍼하지도 말고
애써 모른 척하지도 말 것을
간곡히 청해 본다.
그대여
사랑을 그저 흘러가는 시냇물처럼
서로 배려하고 아끼며
이렇듯 떨어진 사랑이 더욱
돈독히 이루어지기를 소망해야 함을
잊지 말기로 해요.
나는 그대의 따뜻한 열정 속으로
쑥 들어가
내가 보는 별과 달을

그대도 함께 볼 수 있기를 희망합니다.
내 사랑 그대여
눈물짓지 마소서.
우리는 아름다운 끌림으로 인해
많은 흠모를 애써 떨쳐 내지 않기를 기도합니다.
그대여 이 세상 끝날 때까지
나는 그대의 손을 놓지 않으렵니다.

# #30 비련

쓰라린 영혼의 무게가 짓눌린다.
젊음의 비애는
던져 버리고 싶은 청춘을
메마르게 한다.
앉지도 서지도 못하는
불운한 방랑자가
밝은 달빛 아래
펜 끝의 노련함을 불러온다.
어둠은 불안한 가슴을 품에 안고
이성의 중심으로 마주서게 한다.
애끓는 텅 빈 마음은
극구 손사래를 쳐 보아도
마지막 고해는
이미 내려진 답안지처럼
끝나지 않는 영원함으로
숨어 버린다.

## #31 삐약이

귀여운 노랑아,
삐약삐약, 즐겁지.
바지 속으로 총총 걸어 들어와
살짝살짝 간지럽히는구나.
그 모습이 참 사랑스러웠지.
우린 다시 만나지 못하지만
그곳에서 다시 환생하여
모두의 아기로 와 주지 않으련.
산 좋고 물 좋은 이곳은 말이야
아침과 새벽이면
콩새 소리와 참새
딱따구리 풀벌레 소리
그리고 화려한 반딧불이
너무 황홀하여
가슴 깊은 곳까지
흥분케 만드는구나.
너희들의 이름
십원아 백원아
만나서 반가웠어.
그리고 사랑해.

## #32  눈물 밥 덩이

  1987년 스무 살이 되자마자 엄마는 미니 슈퍼를 하신다며 집을 나섰다.
  집과의 거리가 멀기도 했고 매일 늦게까지 일하셔서 집에 오시지 못했다.
  그 상황 때문에 나는 직장을 다니면서 집안일도 해야 했다.
  동생은 고등학교 1학년으로 그의 도시락을 하루 두 개씩 싸 주었다.
  가끔 아버지가 집에 오시는 날엔 도시락을 세 개 준비하곤 했다.
  아버지도 직장 생활을 하셨지만 엄마가 혼자 일을 하도록 내버려두는 게
  마음에 걸리셨는지 자주 집에 오시지는 않았다.
  엄마가 일을 시작하신 지 얼마 지나지 않아 군대에 갔던 작은오빠도 제대했다.
  그 후 집에는 큰오빠, 작은오빠, 나 그리고 남동생 이렇게 넷이서 생활하게 되었다.
  나는 직장에 다니면서 동시에 집안일을 해야 했다. 그 두 가지를 병행하는 일이 결코 쉽지 않았다.
  가장 힘들었던 계절은 겨울이었다.
  봄 여름 가을은 그런대로 버틸 만했지만 겨울은 유독 힘들었다.
  사 남매의 빨래는 여간 많은 게 아니었다.
  매일같이 갈아입는 두 오빠들의 흰 와이셔츠가 일주일에 12장
  거기에 바지와 고등학교에 다니는 남동생과 나의 옷가지까지

포함하면 세탁 양이 어마어마했다.

주말엔 외출할 때 입는 청바지까지 더해지니 부담이 컸다.

와이셔츠는 주말에 한꺼번에 세탁해서 말린 후 다림질하라고 오빠들이 말한다.

청바지는 한겨울 물속에 넣으면 굉장히 뻣뻣해져

매일 손으로 세탁해야 하는 나는 너무 힘들었고 손이 시려웠다.

시린 정도가 아니라 아리다는 표현이 더 정확할 것이다.

연탄불로 데운 따뜻한 물은 한 통뿐이라

나는 손을 "호호" 불어 가며 한겨울 차가운 물로 빨래를 헹궜다.

나는 겨울이 싫었다.

우리 집은 큰집이 아니었지만 예전에 큰아버지가 일찍 돌아가신 후로

엄마와 함께 제사 음식을 만들곤 했다.

이젠 엄마도 안 계시니 그 일도 내 차지가 되었다.

엄마가 오만 원을 주시면 그 돈으로 제사 장을 보고 음식을 장만하여 제사를 지냈다.

엄마가 계실 때에는 제사가 돌아오면 맛있는 음식을 먹을 생각에 즐거웠지만

그때부터는 부담스럽게 느껴지기 시작했다.

어느 날 아버지가 오셨다.

주무시고 다음 날 출근하신다고 했다.

나는 아버지의 도시락에 무엇을 싸 드려야 할지 고민했다.

아버지가 좋아하시는 음식이 김치부침개라는 생각이 들었지만 그것만으로는 반찬이 되지 않을 것 같아 골똘히 생각에 잠겼다.

어떻게 하면 반찬처럼 만들 수 있을까

잠시 고민하다가 *"아하"* 하고 무릎을 쳤다.

김치를 한입에 쏙 넣을 수 있게 잘라 애호박전처럼 작게 부치면 되겠다고 생각했다.

또 집에 무가 있으니 파래만 사다가 무쳐서 곁들이면 되겠다는 생각이 들었다.

그렇게 도시락을 싸 드렸더니 며칠 후 아버지가 나에게 칭찬을 해 주셨다.

*"도시락 참 맛있었다."* 하신다. 아버지께 듣는 첫 번째 칭찬 같았다.

나는 아버지가 맛있게 드셨다니 기분이 너무 좋았다.

한 달에 두 번인가 세 번인가 정확히 기억나지 않지만
엄마는 주말마다 나를 부르셨다.

담배를 떼러 가야 한다며 아침 일찍 가게로 오라고 하신다.

나는 주말에도 할 일이 많은데 왜 꼭 나만 부르시는지 화가 났다.

조금이라도 늦으면 큰 목소리로 역정을 내시고 화를 내셨다.

*"빨리빨리 다니지 않고 뭐 하느냐."* 하신다.

그날도 나는 어김없이 엄마의 부름에 달려가고 있었다.

버스 정류장에서 내려 엄마가 있는 곳까지 가려면 20~30분쯤 걸어야 했다.

급히 가려다 철망에 발 뒤쪽이 베여 피가 흘렀다.

그래도 늦었다는 생각에 뛰듯이 빠르게 걸어갔다.

가게에 도착해 엄마에게 다쳤다고 말씀드렸지만
엄마는 믿지 않으시고 화를 내셨다.

*"거짓말하지 마라."* 라며. 나는 상처를 보여드렸다.

그러자 엄마는 퉁명스럽게 "어쩌다가 이랬느냐" 하셨다.

나는 평일에도 바쁘고 힘들었고 주말에도 힘들었다.
엄마에게 빨래하기 너무 힘들다고 하소연했더니
작은 짤순이 하나를 사주셨다. *"그것으론 해결될 일이 아닌데"*
나는 서운했다. 아니 서운한 정도가 아니라
*"내 인생은 왜 이럴까"* 하는 생각이 들었다.
어려서는 엄마와 성격이 맞지 않아 마음고생 많이 했고
어른이 되니 또 다른 시련이 찾아왔다.
나는 여자라는 이유만으로 하기 싫은 일을 해야 했고
행복하지 못한 느낌으로 살았고 이루어질 것 같지 않은 꿈만 꾸었다.
하지만 그래도 해야만 했고 나는 순응할 수밖에 없었다.
내가 돈을 벌기 시작하면서 배우고 싶었던 피아노, 기타, 동양자수 등을
조금씩 시간 날 때마다 배우며 더욱 바빠지기 시작했다.
이런저런 이유로 자꾸 미룬다면
내 인생은 더 앞이 보이지 않을 거라는 생각에 무조건 행동으로 옮겼다.
얼마 되지 않는 월급이었지만
아끼고 또 아끼며 나에게 투자하고 저금도 열심히 하며
그래도 알찬 시간을 보내고 있었다.
어느 겨울날 늦은 밤 집에 돌아와 배가 고파 밥통을 열어 보니
차갑게 식은 밥 한 덩이가 있었다.
나는 그 밥을 반찬 없이 꾹꾹 눌러 한 숟가락 입에 넣으며
웃고 있는 건지 울고 있는 건지도 모를 눈물이 흘렀다.
기가 막혀서 우는 건지 그 상황이 너무 우스워서 우는 건지

나조차도 알 수 없었다.
3년인가 4년인가 엄마가 일을 그만두고 집으로 들어온다는 말을 듣고
나는 너무 기뻤다.
이사를 하면서 엄마는 세탁기를 사셨다.
그땐 그런 생각을 하지 못했지만
지금 생각해 보니 억울하다는 생각이 또 든다.
엄마는 편안하게 세탁하시고 나는 그렇게 힘들게 빨래를 해야 했다는 것.
생각해 보면 나보다 더 힘들게 사는 사람도 있었을 것이고
아닌 사람도 있었을 것이다. 하지만 사람은 원래 그렇다.
내 눈엔 나만 보이고 나만 생각하게 되고
객관적이기보다는 주관적으로 생각하다 보니
나만 힘든 것 같고 나만 억울한 생각이 들고 그런 것 아닐까
아무리 다르게 생각하려 해도 억울한 건 억울한 거고
슬픈 건 슬픈 거고 힘든 일은 힘든 거다.
남이 내가 아니기 때문에
내 문제는 내가 어려우면 어려운 것이니까.

나는 왜 여자라는 이유만으로 하기 싫은 일을 해야 하고
행복하지 못한 느낌으로 살아야 하고
이루어질 것 같지 않은 꿈만 꾸며 살아야 하는 걸까.
그래도 한 가지 가장 좋은 기억 속에 남아 있는 건
초등학교 시절 학교가 파하면 집으로 달려가
엄마가 만들어 놓은 간식을 생각하며

안방으로 연결된 다락방으로 올라가던 그 순간들.

그곳엔 언제나 엄마가 정성스럽게 만들어 놓은 간식이 있었으니까.

# #33  본질

비극과 희극이 시작되는 시점과 종결점은 다르다.

인간의 본질이 무엇인지 궁금해하는 순간부터 자아를 찾아가는 과정은 시작된다.

그리고 그 과정 속에서 각자의 자연환경과 처한 형태는 저마다 다르다.

*나는 누구인가.*

*나는 어디에서 왔으며 어떤 의미를 부여받았는가.*

이런 의구심이 들수록 우리는 본질과 가치를 고민하게 된다.

나의 사회적 영향은 어디에서 시작되며 타인의 도움이 얼마나 필요한지에 따라 스스로의 관점 또한 달라진다.

나라는 매개체를 둘러싼 주변 환경은 네트워크로 발전하여 서로가 서로를 필요로 하게 된다. 그 과정에서 자아는 성장하고 발전하며 앞으로 나아갈 길을 선택하기도 한다.

우리란 무엇인가.

함께 존재하지만 사실은 너무도 다른 형태로 비추어지곤 한다. 개인주의와 자기중심적 사고 배려와 나눔의 의미가 서로 충돌하는 이유도 여기에서 비롯된다.

우리는 함께 돕고 이해하며 살아간다고 생각하지만 결국 뒤돌아보면 그저 나일 뿐이다.

나는 현실을 받아들이기 위해 타인을 끌어당길 뿐이며 우리라는 단어 속에서도 실속을 놓치지 않는다.

그저 속임수에 지나지 않는다.

우리는 왜 이런 실속을 더불어 사는 사람들과 함께한다는 이유로 포장해야 하는가.

그저 친하니까 그러려니 해야 하는 걸까

뒤돌아선 본질 속으로 깊이 들어가고 싶어질 때가 있다.

차라리 솔직하게 보여 주든지 아니면 제대로 이해시켜야 하는 상황이 많아지면서 점점 더 귀찮고 시간 낭비라는 생각이 들기도 한다.

모두가 솔직해지면 하수처럼 보일까 봐 더욱 감추려 애쓴다.

우위에 서 보이는 것이 더 멋져 보이고 더 고상해 보이기 때문일까.

그러나 때로는 솔직해지자.

가끔은 비열해 보이고 못나 보이고 열등감이 들 때도 있다. 하지만 그것이 바로 인생 아닌가.

조금은 손해 볼 줄도 알고 상대를 인정하며 거울처럼 서로를 비추듯 평등하고 인간미 넘치는 관계를 만들어 가는 것.

그 너그러운 마음이 곧 사람 관계이며 우리가 살아가는 사회가 아닐까 생각해 본다.

## #34  빛

빛을 보았다.
그곳에 있는 줄도 모르고
마냥 찾아 헤맸다.
이렇게 가까이 있었는데,
왜 말해주지 않았을까 무심하다.
울창한 나무숲 사이로
반짝이는 꿈.

저녁노을이 어둠에 잠기기 전
화려한 모습으로 다가왔다.
넌 그저 섬광처럼 스치고
흙빛으로 물들어 간다.
노랑, 주황, 빨강의 색들이 내 품에 안겨
나를 감싸듯 위로가 된다.
오늘 하루는 어땠니.
힘들다고 말하려는 찰나
이미 사라진 하루는
잊어 달라 속삭인다.
머리가 아파 견딜 수 없는 밤엔
무슨 서러움 많아 어찌 매일을 사는지 물어본다.
삶의 여정이 너무 길어
돌아갈까 지름길로 갈까 고민하다가

어느새 무릎이 까지고
넘어지며 앞만 보고 달리더라.
겨울밤 바람 소리 시리도록
마음속 회초리가 밤새 울린다.
아야 아야 울지 마라.
먼저 가신 아버지가
서럽도록 안쓰럽다.
절망은 희망이 되고
마음엔 북받치는 열정이 가득 차
날카로운 두 눈으로
틈 사이를 노려본다.
그래 그래
이젠 괜찮아 다 놓아줘.
나를 사랑한 나에게
모든 것을 내어주기로 하자.

## #35  배추 껍데기

딸아이가 태어난 이듬해 우리나라는 외환위기에 처했다.

국민 모두가 지니고 있던 금을 팔던 시절.

나 또한 경제적 충격을 피할 수 없었다.

금리가 크게 상승하는 바람에 품고 있던 대출이 깨어나 날개를 달기 시작했다.

요동치듯 퍼져 나가는 현실 속에서 희망이라는 대문의 빗장을 걸어 잠갔다.

꿈의 나무는 성장을 멈춘 듯했고 일상의 패턴도 완전히 바뀌었다.

제일 먼저 시작한 건 아파트 관리비를 줄이는 일이었다.

한여름에도 선풍기 한 대로 버텼고 한겨울에도 실내에서 두꺼운 외투를 껴 입었다.

필요한 옷은 아파트 입구에 자리 잡은 버려진 옷과 신발 가방이 담긴 커다란 상자에서 찾아 입었다.

경비 아저씨들의 눈치를 살피며 신경이 머리끝까지 곤두섰다.

살짝만 건드려도 터질 것 같은 시한폭탄 같은 공포심이 날로 늘어갔다.

우울증이 찾아왔다.

나는 마음속으로 한탄했다.

이러려고 결혼을 했던가.

아이들을 재운 후 베란다 창문을 열고 살짝 소리를 질러 보았다.

작은 소리에도 메아리처럼 크게 울려 퍼졌다.

가슴에 주먹만 한 덩어리가 박힌 듯 아팠다.

주방에서 흉기를 집어 들었다.

날카로운 끝이 나를 향하고 있었다.

순간 멍해졌다.

아무 생각도 나지 않았다.

경제적으로 힘든 것도 문제였지만

아무도 의지할 곳이 없는 이곳에서

자식들을 혼자 돌보며 외로운 시간들과 싸우는 것이 더 힘들었다.

남편은 지방 발령을 받아 함께 내려온 것이다.

살고 있는 아파트 주변엔 남편의 회사 동료들과 학교 동기 선후배들이 가득했다.

영업부서에 있던 남편은 매일 술을 친구 삼아 마셨고

술에 취해 새벽 세 시쯤이나 되어야 귀가했다.

우울증은 다양한 원인들이 쌓이며 깊어졌다.

하늘로 올라가는 길이 쉽지 않음을 깨달았다.

현실이 막막했고 긍정적인 생각을 하려고 해도 답이 보이지 않았다.

어느 화창한 봄날.

상자에서 주워 온 옷을 입고,

두 살 된 딸을 얻은 유모차에 태우고 밖으로 나왔다.

따뜻한 햇살 아래 앉아 있었다.

열 걸음쯤 떨어진 곳에

내 또래로 보이는 주부들이 서너 명 모여 있었다.

내 나이 서른.

시간이 5분쯤 지났을까.
그들 중 한 여자가 나를 향해 손짓하며 말했다.
어 저 옷 얼마 전에 내가 버린 옷인데.
그녀는 더 디테일한 설명까지 덧붙였다.
내가 입던 옷인데 첫 단추가 자꾸 풀어져서 버렸거든.
나는 애써 태연한 척했다. 그러나 속으로는 다짐했다.
그래 앞으로 10년 후 20년 후를 생각하자.
그때는 이런 수모를 절대 겪지 않으리라.
없는 자에게는 세월이 길고
있는 자에게는 세월이 유수와 같다고 했다.
시간은 더디게만 흘렀다.
늦가을.
남들은 행복한 겨울을 준비하며 김장을 서둘렀다.
아파트 현관 앞에 배추 트럭이 도착했다.
내가 아는 이들이 모두 나와 배추를 사들였다.
나는 가만히 지켜보았다.
그들은 배추 표면의 푸른 잎들을 모두 떼어 버렸다.
싱싱하지 않은 겉잎을 제거한 후
깨끗하게 정리된 알배추만 들고 집으로 향했다.
나는 배추 상인에게 허락을 구하고
그들이 버린 푸른 잎들을 모두 수거해 왔다.
공짜로 얻은 것이었다.
깨끗이 씻어 배추 된장국도 끓이고,
뼈해장국도 만들어 먹으며
다양한 쓰임새로 끼니를 해결했다.

그때 돼지 등뼈 한 축은 8천 원 정도였다.
만원도 안 되는 돈으로
여러 끼니를 해결할 수 있었다.
여름이면 닭 한 마리를 사서
온 가족이 나눠 먹었다.
다른 가정에서는 한 사람당 한 마리씩 백숙을 해 먹었지만
나는 한 마리로 네 식구의 끼니를 해결했다.
삶아낸 닭고기를 잘게 찢어
육수 속으로 넣고 푹 끓였다.
그렇게 또 한 끼가 완성되었다.
엄마인 나는 늘 조금 덜 먹었다.
내가 덜 먹으면
아이들의 다음 끼니를 챙길 수 있으니까.
그 버릇은 지금도 계속되고 있다.
다만 달라진 것이 있다면
그때는 통마늘과 대추 몇 알만 넣었지만
지금은 온갖 약재를 아낌없이 넣어
백숙 한 끼라도 제대로 먹을 수 있다는 것이다.

# #36  방구석 재테크

　저녁을 먹고 난 뒤 남편의 작은 한숨 소리에 내 뇌는 번개처럼 번뜩인다.
　지난달 남편이 했던 말이 떠오른다.
　이번 달엔 신통치 않을 거 같아.
　그런데 어디선가 툭하고 터졌다며 믿기지 않는다는 듯 옅은 미소를 짓는다.
　역시나 오늘도 다음 달 매출을 걱정하는 눈치다.
　자기야 또 어디선가 뚝 떨어지지 않겠어.
　내가 웃으며 말하자, 그제야 남편의 얼굴이 환해졌다.
　하루하루 살얼음판을 걷듯 사업을 한다.
　나도 일을 해 봤지만 돈을 버는 건 결코 녹록지 않다.
　이제는 내가 직접 일을 하고 싶어도 몸이 따라 주지 않는다.
　그저 옆에서 지켜보는 것만으로도 쉽지 않은 일이다.

　얼마 전 스마트폰으로 메시지가 날아왔다.
　내가 자주 거래하는 제2의 은행에서 한시적 행사를 한다고 했다.
　요즘은 은행 이자가 너무 낮다.
　하지만 이곳은 두 배로 준다고 하니 솔깃했다.
　다른 은행과 비교해 보기 위해 여기저기 전화를 돌렸다.
　그런데 이보다 나은 곳은 없었다.
　남편에게 전화를 걸어 상의한 뒤 당장 은행으로 달려가 적금을 들었다.

두 달 후 더 좋은 예금 이율을 찾아 다시 여러 은행에 문의했다.
이자를 더 준다는 곳이 생겨 또다시 발걸음을 옮겼다.
내가 할 수 있는 일은 남편이 내게 맡긴 돈을
조금 더 지혜롭고 슬기롭게 불리는 것이다.
계란을 한 바구니에 담지 말라.
이 말을 정작 나와는 관련이 없다고 생각했다.
하지만 지금은 다르다.
내 나름의 철칙을 세웠다.
첫 번째 현금을 확보하자.
두 번째 보이는 곳에 투자하자.
세 번째 관망했던 주식을 여유 자금으로 저점에서 매수하자.
예전에는 주식으로 망했다는 사람들의 이야기를 많이 들었다.
그래서 주식에 대해 부정적이었다.
누가 망하기 위해 투자하고 싶겠는가.
하지만 경제는 늘 업 앤 다운을 반복한다.
나에게도 맞는 기회와 시점이 반드시 있을 거라고 믿었다.
드디어 첫 번째 주식을 매수할 기회가 찾아온 걸까.
주가는 하락세를 보이기 시작했다.

몇 달이 지나자, 주식은 더욱 떨어졌다.
추이를 지켜보며 한 달 동안 주식을 분할 매수했다.
하지만 남편에게는 아직 비밀로 하고 있다.
우리 부부의 성향이 너무 달라
반대할 게 뻔했기 때문이다.
투자는 모험이다.

위험 부담 없이는 절대 불가능한 일이다.
시간이 지나면 결국 남편도 알게 되겠지만,
그땐 결과가 말해 줄 것이다. 나는 투자든 은행 적금이든
무엇을 하든 남편에게 사실 그대로 말해야 한다는 걸 잘 알고 있다.
남편 역시 내가 번 돈이 어떻게 관리되는지 알 권리가 있다.
비록 내 경제력이 아니더라도
부부이자 가족 구성원으로서
우리의 복 주머니가 어디로 향하고 있는지
서로 아는 건 당연한 일이기 때문이다.
선택과 경제적 자유
세상을 살면서 우리는 단 한 순간도 선택을 외면할 수 없다.
취준생들은 여러 회사를 놓고
어디를 갈 것인가 어느 쪽이 더 나은가 고민한다.
우리는 장을 볼 때 아파트를 계약할 때
전세와 월세를 선택할 때조차 결정을 해야 한다.
주식도 마찬가지다.
다른 점이 있다면
물건을 살 때는 선택 후에도 무언가 손에 남지만
주식은 공중에 떠 있는 듯한 느낌을 준다.
그래서 두려움을 갖는 사람이 많다.
하지만 지금까지 그래 왔듯
앞으로도 모험 없이 경제적 자유를 누릴 수 없다.
이것이 명백한 현실이다.
예를 들어 직장인이 20대 중후반부터 일을 시작해

50대 초반까지 돈을 번다고 가정하자.
25년을 일해 모은 돈으로 그 후 50년을 살아야 한다.
투자는 이제 선택이 아닌 필수가 되었다.
물가는 계속 오른다.
몇 년 전 한 경제학자가 말했다.
앞으로 몇 년 후 자장면 한 그릇이 만 원이 될 것이다.
그 말을 들었을 때 나는 에이 설마 하고 웃었다.
하지만 지금 자장면 가격은 이미 가파르게 올랐다.
인플레이션과 디플레이션.
경제는 결국 균형을 맞추려 한다.
그렇다면
내 집 마련의 기회는 점점 사라질 것이다.
30대 직장인이 20년 동안 월급을 꼬박 모아도,
집값을 따라잡기는 하늘의 별 따기가 되어 버렸다.
이제 금수저 흙수저라는 말은 남의 이야기가 아니다.
현실이다.
미래를 위한 준비
나는 우리나라 교육이 바뀌어야 한다고 생각한다.
어린 시절부터
무엇에 관심이 있는지
어떤 성향인지
잘할 수 있는 것과 못하는 것은 무엇인지
이런 것들을 찾아가는 과정이 필요하다.
하지만 우리는 무조건 학교 성적만을 기준으로 삼는다.
대학 진로 역시 성적에 따라 결정된다.

나는 선 재능 후 공부를 해야 한다고 생각한다.
하지만 현실은 여전히 선 공부 후 재능이다.
그래서 대학교를 졸업하고도
갈등하는 사람들이 줄어들지 않는 것이다.
새로운 시대 새로운 기회
요즘 젊은 세대는 게임을 통해 가상과 현실을 넘나든다.
즉 메타버스 시대에 살고 있다.
그곳에서는 국경이 없다.
피부색과 언어가 달라도,
가상 세계에서는 모두 하나가 된다.
나만의 아이템을 만들어 경제력을 키우고
창의적인 시스템을 구축하며
파이프라인을 형성해 자산을 늘려 간다.
이제는 창의적인 사고가 필요하다.
새로운 가치를 창출하는 시대.
환상과 상상이 아니라,
현실 속에서 이루어지는 변화가 시작되었다.
그래서 나는 오늘도 공부한다.
경제 흐름을 읽고 방향을 찾는다.
왜냐하면
나는 돌아가는 길을 선택하고 싶지 않기 때문이다.
나만의 길을 찾고 최대한 빠르게
그러나 올바른 방향으로 나아가고 싶다.

## #37  사랑꽃

옹기종기 아리따운 이름 모를 꽃송이들이
새벽녘 이슬처럼 매달려 있었습니다.
어느 꽃을 고를까 생각하며 요리조리
둘러보았지요.
그것은 바로 꽃잔디였습니다.
너도 나왔구나 아이 참 예쁘다.
그 옆에 자리의 새싹도 고개를 내밀었지요.
우리는 두 손을 맞잡고 기뻐하며
환하게 웃었습니다.
주위를 다시 한번 둘러보니, 그곳엔
사랑하는 나의 옆지기가 있었습니다.
그 꽃은 바로 내가 가장 사랑하는
영원한 친구였지요.
그 아래 똘망똘망한 눈빛으로 꽃밭을 가로지르는
나의 반려견이 신이 나서 덩실덩실
춤을 추고 깡충깡충 뛰며 행복해합니다.
우리 셋은 떼려야 뗄 수 없는 아름답고
화목한 친구이자 둥글둥글 모나지 않은
가족입니다.
우리의 영원한 친구님 사랑하고 또 사랑합니다.

## #38  사랑꾼

사랑을 채우는 당신입니다.
꽃잎과 잎새와 물방울은
그의 두 눈 속에서
배어납니다.
사랑은 넝쿨처럼 뻗어 나와
커다란 은총이 됩니다.
은혜는 사랑의 메아리가 되어
멀리멀리 퍼져 나가기를
바라 마지않습니다.
사랑은 고귀한 것이기에
그 누구에게도 쉽사리
주어서는 안 되는 일이지만
난 그대의 믿음이 승화되어
언제 어디서나
그 믿음의 사랑꾼이 되어
잊지 않고 피어나겠습니다.

## #39 사랑설정

사랑 열차가 달려갑니다.
우수수 떨어지는 낙엽 사이로
마음의 열차를 열었다 닫았다
하면서 구애를 합니다.
그대로 하여금 행복을 뿜어내는
일은 쉽지 않음을 익히 알아 가는
과정입니다.
창밖엔 사랑의 세레나데가 들리지요.
나는 언제쯤 최고의 사랑역에
도착하여 구원을 도와야 할지
아직 잘 모릅니다.
그저 부딪쳐 보고 경험하는
것만이 최고의 설정을 맞추는
일일 것입니다.

# #40 사랑열차

엎치락뒤치락하는 나의 몸은
사랑꾼님이 그리워
움직이는 소리입니다.
밤이나 낮이나 꿈틀거리지요.
하지만 이상해할 필요는 없습니다.
그 연모 그대들의 운명이
함께하는 것이랍니다.
꿈속에서 펼쳐지는
그 고운 향기의 미덕이지요.
순백의 하얀 연줄 같은 흔들림은
그대가 만들어 놓은
천국의 계단이지요.
나는 매일매일
천상의 길목으로 데려다주는
그를 위해 할 수 있는 것이 없습니다.
그저 배려 양보 인내심만이
지혜를 모아 모아 부축하는 것 말고는
내가 해야 할 일이 없기 때문입니다.

# #41 사랑하련다

빛에서 반짝이는 널 보며
사랑하련다
어둠을 만지작거리는 네 손을 잡고
난 사랑하련다
하루가 또 지나 같은 시간을 망설인대도
난 사랑하련다
쉬지 않고 달리며 내 마음을 다스린대도
그 마음 또한 사랑하련다
깨끗한 창밖을 바라보며 눈웃음 짓는대도
난 사랑하련다
지나간 청춘을 추억 삼아 머뭇거린대도
난 사랑하련다
현실을 부정하며 후회스러워한대도
난 사랑하련다

억울하고 또 억울한 마음 한가득하대도
난 사랑하련다
나만의 고독을 즐기며 현재를 이긴대도
난 사랑하련다
슬퍼함을 애써 잊으려 묵묵히 걸어간대도
난 사랑하련다

# #42  산다는 것

감정은 불꽃놀이의 우아함과 섬세함을
나타내기도 하지만 메마른 구속을
눈물로 희석시키기도 합니다.
그것은 곧 목마름을 채워 주기도 하고
부드러운 레드 와인 맛 같은
깊고 깊은 의미를 부여해 주며
첫사랑의 아름답고 고귀한
슬픈 기억을 끝맺음과 함께 떠올리게 합니다.
그저 누구든 감정 이입과 공감대를
형성할 수 있다면
어떤 어려움도 헤쳐 나갈 수 있을 것입니다.

전쟁 같은 삶의 한 장면이
파노라마처럼 펼쳐지기도 할 것입니다.
우리는 부드럽게 행동하고
다정한 모습으로 타인을 대하며
'산다는 것'이라는 삶에
의미를 부여해야 합니다.
그리고 잘 살아 내야 합니다.
그러므로 '산다는 것'의 의미를 깊이 받아들여
소통해 나간다면
이보다 더 따뜻한 삶의 방식이 또 있을까 싶습니다.

## #43 삶(1)

부둣가 좌판의 회 한 접시는
끼룩끼룩하는 갈매기 울음소리를
더욱 정겹게 만든다.
출렁이는 파도 위에 배 한 척 올려놓고
노련한 어부의 회 뜨는 솜씨엔
정이 듬뿍 담긴다.
평생 물질하며 얻은
숙련된 손가락은
보는 이들로 하여금
감탄을 자아내게 한다.
건강해 보이고,
검게 그을린 얼굴빛은
처자식 봉양하려
애쓰는 모습이 영롱하다.
내 입 김밥 한 줄로 허기를 채우고
집으로 돌아가는 길은
귀여운 토깽이와
지긋하게 내조하는 마누라의 마음을
풍족히 채워 줄 요량으로
벅찬 가슴에
콧노래 소리마저
행복하다.

# #44 삶 (2)

창가에 스며드는 차갑고 매서운 바람
어느새 추운 겨울이 바람을 타고 내려와
눈으로 덮여 있던 얼음덩이들을 불러본다.
바깥 공기가 너무 추워
나를 좀 녹여 달라고 애원하지만
그들은 거들먹거리며
겨울을 조금만 참아 보라
견뎌 보라고 호통을 친다.

이렇게 추운 겨울 장날
"북"을 치고 장구를 치며
엿가락을 하나하나 자르고
가위질을 요란하게 하는 엿장수의
애린 온몸도 지금 이 계절을
묵묵히 견디고 있다고 말한다.
그제야 겨울은 다시 말한다.
나는 그저 손끝 마디마디
아려오는 통증을
알아주었으면 하는 마음으로
문을 두드린 것뿐이야.
봄이 곧 찾아올 거라는 것을 잘 알지만
그 봄은 내 마음을

그리고 내 온몸을
완전히 품어 주진 못할 걸
나는 이미 알고 있기에
이토록 재촉하는 것일까.

# #45  상처

과거는 항상 누구와 비교되는 삶이었고
현재는 살아 내려고 또 살아 내야 하니까
전쟁 속에서 총칼 없는 싸움을 해야 했다
난 누구보다 더 빨리 미래에 도착해 버리고 싶었다.
미래엔 뭐가 있을까 꿈을 꾸고 또 꾸었다.
결혼 후 두 번째 인생은 더 많은 꿈을 가슴에 품은 채
현실을 맞이했다.
하지만 꿈은 꾼다고 이루어지지 않았다.
꿈을 향해 달려가고 싶었지만
*내 앞엔 언제나 '현실을 직시해야 한다'*는 벽이 있었고
나는 간직만 할 수 있었다. 고등학교 1학년
혼자만의 꿈을 꾸었다. 아무도 모르는 꿈
내가 어른이 되면 돈을 모아서
꼭 서점을 운영하는 사장이 되어야지
하는 야무진 꿈.
그 시절 내 기억 속 형편은
책을 마음껏 살 수 없었던 것으로 기억된다.
그래서일까 서점을 운영하면
매일 책을 공짜로 볼 수 있을 거란
막연한 희망을 품었다.
그 당시 내가 살던 지역에서
제일 큰 서점의 사장이 되고 싶었다.

이제 나는 내 스스로에게
나 자신을 론칭하려 한다
반백 살이 넘은 내가 무엇을 어떻게
고작 평범한 인생
없어서
있고자 하는 마음만으로 달려온
그저 그런 주부일 뿐인데 말이다
하지만 하나만은 말하고 싶다.
나는 달리기 선수처럼
스톱워치를 켜는 순간부터
화려한 피날레를 장식하고자
아무 생각 없이 결과만을 향해 달려왔다.
왜냐하면 결과만이 나를
인정해 줄 거라고 믿었기 때문이다.
그래서
매 순간 죽을힘을 다해
나를 증명하려 했다.
그게 피땀이었는지
피눈물이었는지조차 모른 채
나는 오늘을 살았다.

그것 하나만큼은
인정해 주고 싶다.
사람들은 종종 말한다.
사랑을 받아 본 사람만이

상대에게 사랑을 줄 수 있는 힘이 생긴다.

하지만 나는 그 말에

반대표를 던지고 싶다.

만약 그 말이 진리라면

어릴 적 부모를 여의었거나

힘들고 고단한 삶과 역경을 이겨 내며 살아가는 사람들 모두가

그 누구에게도 사랑을 줄 수 없다는 말이 되니까.

하지만

나는 어려운 환경 속에서도

훌륭한 인품과 인격 지혜 배려를

풍부하게 갖춘 사람들을 많이 봤다.

그리고 나도 비슷한 경험을 해 봤기에

아니라고 손을 들 수 있다.

내 인생 1막은,

하지 말라면 하지 않았고

말하지 말라면 말하지 못했고

말하고 싶어도 입을 막아야 했던 시절이었다.

그런 억압은

내 마음을 꽁꽁 얼어붙게 만들었고

나는 마음의 자물쇠를 찾아 헤매며

내 감정을 숨기는 연습만 했다.

행복이라는 숫자가 '1'이라면

그러지 못했던 날들이 '9'쯤 되는 것 같다.

삶이란

원래 누구나 만족할 수 없는 것일지도 모른다.

인생 2막에 들어서면서 많은 것을 겪었고
많은 걸 느꼈다
지금은
내가 직접 만들고 엮어 가며
꼬이면 풀어 가는 삶이다.
이제는
나의 테두리 안에 있는 가족들과
사랑을 주고받고 표현하고
서로 아끼며
그 누구보다도 깊은 사랑을 한다.
그래서 나는 믿는다.
사랑은 받아야만 줄 수 있는 것이 아니라
받지 못했어도
충분히 줄 수 있는 것이라고
옛날 어느 화창한 고3 봄날.
같은 반 친구가 내 앞을 막아서더니 말했다.
넌 뭘 믿고 그렇게 못생겼니.
그랬다.
난 아무 말도 할 수 없었다.
그 말이 틀리지 않았기 때문이다.
나 <u>스스로도</u> 나를 싫어했고
자존감도 낮았고
가정에서도 인정받지 못했던 나에게
무슨 할 말이 있었겠는가.
난 항상 그런 종류의 일들을 겪었지만

그 앞에 당당히 맞서지 못했다.
꾹꾹 누르고 또 누르며
억압 아닌 억압 속에서
내 마음은 점점 더 닫혀 갔고
자물쇠만 찾기 시작했다.
지금도 나는
그 말을 했던 친구의 얼굴을
기억한다.
그 친구는 지금 어떤 삶을 살고 있을까
사사로운 일처럼 보이는
수많은 '상처'들.
그 억울했던 지난날들을 돌아보며
나는 생각한다.
나는 왜 그렇게 참고만 살았을까
후회도 되지만
이제는 나에게 말해 주고 싶다.
석순아 넌 그들과 다르잖아.
그들처럼 똑같이 했으면
어쩔 뻔했니.
상처를 받았지만
그 상처를 다시 되돌려줬다면
너도 똑같은 사람이 되었을 거야.
그동안 정말 애썼다.

## #46 상처받은 목련

시간과 계절은
서로 앞다투어 먼저 가려 한다.
목련은
조금씩 아주 조금씩
시간을 앞질러 가려 하기 때문에
알차게 담겨 있다가도
한 잎 두 잎 피어나려 할 즈음엔
시간의 흐름에 압도되어
결국 세상을 바라보지 못하고 만다.
그럴 때면
백색 목련의 순수함은
그저 나무에게 많은 양분을
내어 주고 만다.
그것은 결국
자연의 섭리이자
순리를 따라야 하는 일이다.

# #47 새 (1)

아침 새가 스며든다.
통통이는 동글동글한 배를 이끌며
유유히 날아들었다.
풀 속에서 꿈틀거리는 생명체를
탐하기 위해,
두 눈을 동그랗게 반짝이며
온 힘을 다해 집중하는 모습이다.
그런 참새들이
무리를 지어
'나'와 친구가 되기를
희망하기도 한다.
하지만
내가 가까이 다가가면 다가갈수록
나에 대한 창피함 때문인지
그들은 돌아서 버린다.
밤사이 이글거리며 내려 준
꽃잎과 잎 사이를 오가며
그 투명한 이슬방울은
잠자리 눈처럼
기이한 현상으로 다가온다.
그 잎새는
이슬의 무게를 견디지 못하고

곧바로 다른 잎으로
이슬을 옮겨 보낸다.
그러자
그 잎은 마음으로 이야기한다.
우와 난 정말 행운아야.
행복한 속삭임이다.
그 행복은
얼마간의 돈을 주고받는 대가보다도
더 진하고 향기로운 기쁨으로
깊이 빠져들고 있었다.

# #48 생라면

부스럭 부스럭
생라면 먹는 소리.
한껏 들뜬 동생과
두 얼굴 마주 보며
생글생글 재밌다.
행여 엄마한테 들킬까
이불을 뒤집어쓰고
동생이랑 정겹다.
우리 집 누렁이는
눈치 없이
짖어댄다.
추억의 라면 스프
뿌려 먹으며
옛일이 그립다.

# #49  설렘

따뜻한 얼굴로
내게 손을 내밀어 주네.
애교 섞인 눈웃음은
심장 소리처럼
두근거려
오늘 내일 연락 올까
기다리다가
새침해진 붉은 빛깔로
뾰로통하고
토라진 마음.
넌 뭘 모르니.
온종일 지쳐 버린
창백한 마음으로
네가 있는 그곳으로
발길을 돌리고
비스듬히 쓸어내리는
흰 손 사이엔
예쁜 마음
놀래 줄 그녀를
생각하네.
한참을 고민하다
네게 달려간다.

넌 생각보다
날 그리는 모습이
진지해 보여.
겨우 말을 건네는
수줍은 내 모습을 보며
화사하듯 놀라는 느낌은
마치 꿈결 속
어린 왕자 같은 나비와 같아
사랑스러운 듯,
행복한 모습으로
날 맞아 주는
그대의 순수함이
나를 따사로운 햇살로
데려다주네.
아이같이 뛰는 가슴은
다시 만난 그대의
손가락 사이를
간지럽히네.

## #50  세월

중년이란 무엇인가
자녀 교육, 맞벌이, 부모님 공양 등
급변하는 세상 속에서
지금 나는 어디쯤
어느 계단까지 올라와 있을까.
다리 하나만 건너면 되겠지.
또 두 개만 건너면 되겠지.
그런 마음으로 시간을 기다리고 기다려
여기까지 올라왔지만
그래도 여전히 해무 속에 가려
앞이 보이지 않는다. 이 또한 답답하지만
구름의 기운이 이곳으로 스며들어
참 사랑을 느끼게 하고
포근한 엄마의 품처럼 따스하게 다가온다.
엄마는 마치 내가 속한 모든 이들의 가슴을
가만히 안아 주는 사람.
이것이
아리따운 엄마의 마음이 아닐까
생각해 본다.

## #51 썩은 베개

남편의 부재와 생활고 우울증.

이로 인해 밤마다 내 눈은 짓물러 간다.

십 원짜리 하나도 허투루 쓸 수 없던 날들.

시장에선 좌판 오천 원짜리 로션을 구경하며 지나친다.

얼마나 지났을까.

처음엔 몰랐다.

열 개의 베개 속 쿠션이 시커멓게 썩어 있는 줄….

난 병들었고 그 시간을 뻗대며 눈물 흘렸던 지난날이었다.

## #52  아버지

본가에 갈 때마다 허리를 구부리시며
낚싯바늘을 고쳐 매시던 우리 아버지.
보리과자에 된장을 섞어 떡밥을 만드시곤 했다.
아버지 또 무얼 하고 계세요. 아버지는
별일 아닌 듯 나를 쳐다보시며
왔니 하신다.
그 낚싯대로 물고기를 잡아 엄마에게 내미는 일이
당신의 일상이었다.
항상 무덤덤하셨지만
엄마에게는
늘 주머니 속을 내어주셨다.
나는 돈 필요 없다. 그저 엄마에게
모든 걸 맡기셨다.
보고 싶은 아버지. 꿈속에서라도
뵙고 싶은 우리 아버지. 그곳 생활은
괜찮으시죠?

## #53  아이 같지 않은 아이

친구와 손잡고 신문을 던져 본다.
언덕을 오르락내리락하며
숨소리가 거칠게 들려온다.
내 심장 소리가 이렇게 큰 줄
진즉 몰랐다.
가정 형편이 어려운 내 친구는
이토록 힘든 일상이 매일같이 반복된다.
이제 겨우 내 나이 열세 살
당연한 듯 편안해 보이는 그녀의 맑은 낯빛.
외모가 곱상해 보이지 않지만
짧은 머리엔 씩씩함이 담겨 있다.
마음 한구석에 자리한 따스함은
천사 같았고 내겐 우상처럼 느껴진다.
어린 나이에 힘든 일을 해내는 그녀는
너무나 어른스러워 보이며
늠름하기까지 하다.
무거운 신문을 가슴 가득 품 안에 짊어지며
두 시간이 넘는 고행을 자연스럽게 받아들인다.
이 친구는 대체 어떤 사람일까.
친구와 함께 시작한 신문 배달은
학교가 끝난 후부터 시작된다.
어두운 저녁

컴컴한 어둠이 몰려올 즈음
지쳐 버린 시간이 되어서야
일이 끝난다.
우린 서로 천둥처럼 울렁이는
꼬로록 소리 음률을 반주 삼아
콧노래를 흥얼거린다.
이 상황이 뭐가 즐거운지
열세 살 인생을 마주한 우리는
동병상련의 마음이 되어
어둡고 어스름한 좁은 골목 사이
노란색 전구가 박혀 있는 등불 아래
두 꼬마 친구는 나란히 걸었다.

# #54   엄마! 우린 돈이 언제 생겨요?

어느 날 아들이 친구들과 비비탄총 놀이를 하고 있었다.
총 속의 하얗고 작은 알갱이가 혹시라도 잘못 맞으면
상대방 친구의 눈을 다칠 수도 있다는 뉴스를 본 기억이 났다.
실제로 그런 일이 있었다.
아파트 단지에서 남자아이들이 총놀이를 하다가.
지나가던 여자아이의 눈에 튕겨 들어가는 사고가 있었다.
그 후 문구점에서는 고글처럼 앞이 가려지는
투명 플라스틱 눈가리개를 팔기 시작했다.
그걸 쓰고 노는 아이들이 내 눈엔
만화 주인공처럼, 혹은 007 같은 멋진 모습으로 보였다.
그런데 어느 날 아들이 나에게 말했다.
엄마 저 장총 사 주세요.
작은 소총으로 놀던 친구들이
하나둘씩 길고 멋진 장총으로 바꾸기 시작했고,
아들도 그걸 갖고 싶어진 것이다.
우리는 아파트 단지 안에 있는 문구점으로 갔다.
사장님께 여쭈니 가격은 이만 원에서 삼만 원 정도라고 했다.
나는 깜짝 놀랐다.
아니 아이들 장난감이 이렇게 비싸다니.
결국 총은 사지 못하고 그곳을 나왔다.
나는 아들에게 조심스레 말했다.
너무 비싸서 당장은 사기 어려울 것 같다.

그러자 아들은 속상한 얼굴로 나를 바라보며 말했다.
*"엄마! 우린 돈이 언제 생겨요?"*
그 말을 듣는 순간
나는 아무 말도 할 수 없었다.
가슴이 미어졌고
현실을 외면하고 싶어졌다.
집에 도착하자, 나는 총을 살 방법을 찾기 위해
이리저리 머리를 굴리기 시작했다.
돈이 없다는 이유로
아이의 뛰노는 즐거움을 빼앗아야 할까.
이 생각이 계속 머릿속을 맴돌았다.
그러다 문득 떠오른 기억.
크리스마스나 생일처럼
일 년에 한두 번
아이들에게 작은 서프라이즈를 주고 싶을 때
찾아갔던 한 가게가 있었다.
그곳은 어린이집, 유치원, 학원 등에
교구나 장난감을 저렴하게 파는 도매점 같은 곳이었다.
크리스마스이브 밤이면
아이들에게 산타 할아버지가 선물을 주신다며
그곳에서 조심스레 준비하곤 했었다.
그 가게라면 혹시
다음 날, 나는 혼자 그곳으로 향했다.
그리고 정말
어제 문구점에서 봤던 것과 비슷한 멋진 장총이

더 저렴한 가격에 진열되어 있는 것을 발견했다
속으로 기쁨의 환호를 외쳤다
이 가격이라면 조금 무리해서라도 살 수 있어
나는 곧바로 총을 사서 집으로 돌아왔다.
아들이 올 시간만을 기다리며
기대감에 부풀어 있었다.
드디어
어린이집에서 돌아온 아들에게
깜짝 선물을 보여 주었다.
그 순간
아들의 놀라움과 신남이 뒤섞인 표정을 바라보며
문득 생각이 스쳤다.
행복은 멀리 있는 게 아니구나.
바로 이 순간 이 웃음 속에 있구나.

## #55 엄마

온갖 고생을 하신 그분께서는
내가 어린 시절
어려운 환경 속에서도 꿋꿋이 살아 내기 위해
모진 고생을 감내하신 엄마입니다.
엄마는 우리 사 남매를 키우시며
힘들고 막막할 때마다
호떡 장사, 아이스크림 장사
도라지 까기, 마늘 까기, 옷 수선 같은
온갖 허드렛일을 마다하지 않으셨습니다.
그 덕분에
저는 먹을 걱정 없이 자랐습니다.
지금도 생생히 기억납니다.
바닥에 앉아 도라지 껍질을 벗기시던 모습
알싸한 마늘 껍질을 까시던 그때
엄마의 손은 점점 거칠어지고
너무나도 험해졌습니다.
그 손으로
엄마는 늘 정성 가득한 식사를 차려 주셨습니다.
저는 그 고마운 밥상을
마음속으로 두 손 모아 받았습니다.
어머니 감사합니다.
그리고 정말 고맙습니다.

# #56  여고 시절

젊음의 희망적 발랄함으로
쏟아지는 비 사이사이를
우산 없이 즐겁게 걷는다.
맛있는 쥐포를 우물거리며
나란히 인생을 이야기하고
자유를 논한다.
너무 많은 꿈들이
하늘을 날아다니고
서로의 자리를
새치기하기도 한다.
무엇으로 시작할지
그 누구도 알지 못해
함께 걸으며
생각은 공중으로 흩어진다.
앞으로를 알지 못하고
경험하지 않은 세상을
막연히 상상하며
그저 당장의 행복함으로
만족해한다.
그러나 우리는 알고 있다
세상은 그렇게
만만하지만은 않다는 것을.

이미 깨달아 가고 있으며
그것은 곧 지금
당면해 있는 현실이
먼저 앞서고 있기 때문에
우리는 이미
조금씩 잘 알고 있었다.

## #57  연리지

그 누가 너희를 떼어 놓기 원하랴.
하나가 된 그들은 전생에서도
두 손 마주 잡은 부부였다오.
행복을 꿈꾸다
시련과 죄책감 속에 시들어 버린다 해도
그 누구도 연리지의 사랑 속삭임은
쉽게 이해하지 못할 것입니다.
그대들이여
너무 힘들어하지 마세요.
두 몸이 한 몸으로 바뀌는 일은
천상천하에 있어
아주 드문 특별한 기적입니다.
그저 선택받은 나무였기 때문입니다.
그러니 너무 애써
모른 척하지 마세요.
그런 인연은 어디서도 볼 수 없는 것이며
찬란한 오로라를 마주한 것만큼
커다란 행운입니다.
그러므로 연리지는
돌고 도는 세상 속
우리가 바라보는 생명의 원천이며
현존하는 사랑의 근원입니다.

## #58  열정

나는 실패함을 두려워하지 않고
지는 것에 실망하지 않으며
오로지 앞만 바라보며 정진한다.
그 이유는
내 삶의 진로가 언제나 그랬듯
그 안에서 끊임없이 앞으로 나아갔고
항상 미래를 꿈꾸며 걸어왔기 때문이다.
그렇게 휘청이며
출렁이는 배의 끄트머리를 붙잡고
멀미하는 나의 모습
어쩌면 자랑스럽기도 하다.
때론 힘겨운 여정이며
항해사의 키가
언제 어디서 어떻게
뱃머리를 돌릴지 알 수 없지만
나는 늘 깃발을 바라보며
그들의 몸놀림과 손의 움직임을 파악해
조금씩 그 행보를 예측하고
방향을 설정해 나간다.
그리고 때론 도사리는 위험도 감수하며
끝까지 올바른 정신으로
살아남기 위해 애쓰는 것이다.

## #59 영원한 친구

아무것도 기억나지 않습니다.
나는 미련한 사랑 속으로
그저 들어가고 말았습니다.
아무 말도 기억하지 않습니다.
내 사랑의 속도가 너무 옅어서
그 사람을 몰라보게 되었습니다.
아무런 말도 못합니다.
그 사람은 사랑의 말로도
도저히 표현하기 어려운 사람이기 때문입니다.
아무런 말도 하기 어렵습니다.
그 사랑은
더하기와 빼기가 너무 어려운 문제였습니다.
사랑은 밀고 당기는 것이 아닙니다.
사랑은 솔직함입니다.
그대여
우리의 사랑은 보이는 곳과
보이지 않는 곳에서
영원할 뿐입니다.

## #60 오뚝이

내 자리가 어딜까.
어디로 가야
진짜 내 자리를 찾을 수 있을까.
너무 먼 길을 돌고 도는 건 아닐까.
때론
그냥 빨리 지나가고 싶다.
이 어려운 인생 숙제
도대체 어디쯤 가면
참 잘했어요 도장을 받을 수 있을까.
앞이 캄캄하다.
코 흘리며 철없던 아이들에게
늘 웃으며 찍어 주던 그 도장.
나는 그 도장을
살아오면서 제대로 받아 본 기억이
별로 없다.
왜일까.
나는 왜 그것을
매일같이 그렇게도 갈망하는 걸까.
이렇게 애쓰며
오뚝이처럼 계속해서
쓰러졌다 일어나는 삶인데도
그 도장은 점점 멀기만 하다

누가 그랬던가.
열심히 하는 자는
즐기는 자를 이길 수 없다고.
나는 그저
최선을 다하며 버텼다.
나를 돌보지 못하고 혹사시키고
무리하게 강행하며 버텼다.
쓰러졌다 일어남을 반복했다.
끝이 어딘가에 있겠지.
막연하게 줄넘기를 하듯
한 번 넘고 두 번 뛰고
그러다 발에 걸리고, 또 채이고
한계를 넘어서려
발버둥 쳤다.
내 몸은 이미 지쳐 있었고
마음은 균열이 나기 시작했다.
잘나지도 못한 내가
자꾸만 일어서려 하니
신은 내게 조용히 말했다.
앉아 있어.
잠깐 누워 있어.
그렇게 힌트를 주었는데도
나는 어리석게 반항했다
신의 명령을 뒤엎고
또다시 무리했다.

그리고 그 대가는
여러 번 쓰러짐과
눈물로 돌아왔다.
그제야 정신이 들었다.
그러게 왜 말을 안 듣니.
나는 나 자신에게
크게 질책했다.
그래
나는 유능하진 않다.
하지만
지혜로움에 있어
나는 게을리하지 않았다.
인간이란
처음부터 똑똑하지 않다.
태어나자마자 글을 읽지도
말하지도 못한다.
아늑한 엄마라는 품속에서
잉태되어
조금씩 느끼고 배우고 듣고
우주의 공간 안에서
조금씩 깨달아 간다.
출렁이는 파도 소리를 들으며
생각하기도 한다.
나는 내 머리가 좋지 않음에
오랫동안 불만이 있었다.

머리가 좋았다면 어땠을까
아주 총명했다면
내 인생은 달라졌을까.
하지만
내 안에는 하나
참을성이라는 장점이 있다.
그 인내 속엔
상처와 억울함이 많지만
그 모든 것을
가슴 깊은 곳에 감추며
나는 나를 만들어 왔다.
물론
완벽하지 않다
나도 때론
누군가의 마음을 아프게 했을 것이다.
자기방어를 먼저 하느냐
나중에 하느냐에 따라
상처의 깊이와 농도가
달라졌을 것이다.
나는 전문 지식에 있어
자유롭지는 않지만
현명함에 있어선
말할 수 있다.
나는 부끄럽지 않다.
괜찮아.

똑똑하다고
모두 다 잘하는 건 아니야.
느리지만 슬기롭잖아.
내 보폭에 맞춰
천천히 조금씩 걸어가면 돼.
그러다 보면
나도 언젠가
누군가에게서
받게 될지 모른다.
참 잘했어요.
그 도장을
나도 받고 싶다.

## #61  원 투 쓰리

집안 형편이 어려워
늘 우리 아이들이 갖고 싶어 하는
장난감이나 학용품을
풍족하게 사 준 기억이 거의 없다.
그 당시 아들이 다섯 살 무렵이었다.
아파트 또래 아이들은 처음엔
내가 어릴 적 가지고 놀던 것과 비슷한
플라스틱 팽이를 갖고 놀다가
시간이 지나면서
팽이 몸체를 던지고
플라스틱 길쭉한 스틱을
있는 힘껏 당기는
새로운 장난감을 들고 나왔다.
그러면
마치 빵집에서 파는
커다랗고 넓적한 왕스틱 사탕의
문양처럼
달팽이 모양을 그리며
팽이가 뱅글뱅글 돌아간다.
꽃이 되고
다양한 색의 별들이
아름답게 떠다니는 모습이 펼쳐진다.

아이들은 원 투 쓰리
크게 외치며 시작을 알린다.
두세 명의 아이들이
같은 제스처를 취하고,
함께 시합에 임한다.
그 모습을 볼 때마다
참 흐뭇한 생각이 들었다.
그 동년배 무리 속에서
우리 아들이 목청껏 외치던
원 투 쓰리.
아직도 그 순간이
눈에 선하다.
잠시 잠깐의 소소한 행복
내게는 너무도 소중한 기억.
그 무엇으로도
가져올 수 없는
진짜 보물 같은 추억이다.

# #62  위험한 아파트

남편의 지방 발령으로 인해
우리는 살던 곳을 떠나 이사를 해야 했다.
그 무렵, 나는 둘째를 가진 몸이었다.
여기저기 다니기도 쉽지 않았고
몸이 무거워질 즈음 갑작스레 고열이 나
병원에 입원하게 되었다.
의사 선생님은 *"신우신염"* 이라 했다.
임신 중이어서
강한 약을 쓸 수도 없었다.
그저 열이 떨어질 때까지는
병원에 있어야 했다.
그래서 이틀인가, 삼 일인가
입원해 있었던 기억이 난다.
이사할 집을 구한 뒤
얼마 지나지 않아 바로 이사를 하게 되었다.
몸이 무거운 나를 대신해
시동생과 동서가
이사 갈 집을 먼저 청소해 주었다.
얼마나 고맙고 감사했는지 모른다.
나는 짐 정리도 하고
아이를 돌보면서 무리를 할 수밖에 없었다.
그런데 막상 이사를 해 보니

시동생과 동서가 미리
집 안을 깨끗하게 정리해 놓은 것이었다.
동서 내외는 남편 직장이 같은 곳으로
우리가 이사 오기 1년 전 먼저 내려와
자리를 잡고 있는 상태였다.
문제는 그다음이었다.
나는 임신한 몸으로 남편과 함께
집을 알아보러 다니는 것도 어려웠기에
남편은 시동생과 함께
나 모르게 엄청난 대출을 받아
아파트를 구입해 버렸다.
처음엔 그 사실을 전혀 몰랐다.
이사 전 살던 지하 1층 빌라가 팔리기도 전에
아파트를 백 퍼센트 대출로 마련했다는 사실을
나는 이사하고 일 년이 지나서야 알게 되었다.
회사 대출, 주택 담보 대출
시동생은 말했다
나중에 부모님 모시려면 이 정도 평수는 돼야 하지 않겠어요.
하지만 내가 선택할 수 있었다면
과연 이렇게까지 무리했을까
지금도 의문이다.

그 결정의 후폭풍은
생각보다 훨씬 거셌다.
나는 남편을 원망하며

몇 년을 눈물로 살아야 했다.
그 무렵 외환위기가 터지면서
금리는 천정부지로 치솟았고
남편 월급의 90퍼센트가
대출 이자로 빠져나가기 시작했다.
그때부터 전쟁이었다.
생활 형편이 넉넉하지도 않았는데
나의 삶은 이제
고행의 시간으로 변해 갔다.
나는 수년 동안
아무 준비 없는 시험을 치러야 했고
겪지 않아도 될 일들과
지불하지 않아도 될 비싼 수업료를
모두 떠안아야 했다.
그리고 아직 어린 우리 아이들에게조차
미안한 삶을 살 수밖에 없었다.

## #63 이해관계

요즘 세상은 스마트폰으로 인해
가족 간의 대화가 부족하다.
함께 살아도
세 지붕 한 가족이거나
네 가족 한 지붕처럼 느껴진다.
식사 자리에서도, TV를 볼 때도
한 손엔 스마트폰 한 눈은 TV를 슬쩍슬쩍 보며
한 번에 두 가지를 하려 든다.
도대체 서로 무슨 생각을 하며
살고 있는지 모를 정도다.
가끔은 생각이 달라
이해의 폭이 좁아질 때면
각자 다른 방향으로
스스로를 끌어다 놓는다.
'가족 구성원'이라는 말이
무색할 정도로 아쉬움이 깊어진다.
서로의 입장과 가치관을
조금 더 면밀하게 들여다볼 수 있는
관측의 시선이 필요하다
한 인간의 심리 상태와
그 안의 특별함을 자세히 이해할수록
가족 간의 끈끈함은

새록새록 두터워진다.
주관적인 성향이 강한 사람일수록
자기애가 너무 충만해
대인관계 속에서
상대에게 불필요한 가치관을
심어 주기 쉽다. 이럴 때일수록
그를 잘 다독여 주고
이해의 영역을 넓혀 가는 노력이 필요하다.
개인적인 성향을 인정하면서도
타인의 생각을 존중하고 받아들일 수 있다면
본인의 잘못된 방향 또한 긍정적인 길로
인도할 수 있는 계기가 될 것이다.
하지만
너무 가까운 사이일수록
말하기 어려운 상황들이
고착화되기 쉽고
자기 위주의 사고에 갇힌 사람의
생활 방식과 언행은
주변 사람들로 하여금
불편한 존재로 낙인찍히게 만든다.
가장 가까운 사람일수록
이 시대의 불편한 진실을
서로가 이해하고,
이를 확장시켜야 한다.
독단적이고 주도적인 마음의 향방을

조심스럽게 그러나 꾸준히
도와주는 것. 그것이야말로
삶을 살아가는 지혜가 아닐까
생각해 본다.

## #64　정열

나는 실패함을 두려워하지 않고
지는 것에 실망하지 않으며
오로지 앞만 바라보며
정진할 수 있다.
그 이유는
내 삶의 진로가 늘 그랬듯
그 안에서 끊임없이 앞으로 나아갔고
언제나 미래를 꿈꾸며
살아왔기 때문이다.
그렇게 휘청거리며 출렁이는
배의 끄트머리를 붙잡고
멀미하는 나의 모습이
어쩌면 자랑스럽기도 하다.
때로는 힘든 여정이며,
항해사의 키가
언제 어디서 어떻게
뱃머리를 돌릴지
알 수 없지만
나는 항상
꼭짓점과 깃발을 바라보며
항해사의 몸놀림과 손의 움직임을
세심히 파악해

조금씩 그 행보를
예측하고 설정한다.
그리고 때로는
도사리는 위험도 감수하며
마지막까지
쉼 없이 달려간다.

# #65  참새 사랑

앞마당 작은 참새 무리가
살금살금 놀러 와 줍니다.
너무나 예뻐
그 모습을 가만히 바라봅니다.
사랑이 스치고 머문 시간은
채 십 초도 되지 않습니다.

그사이, 작은 어미 참새가
쫑긋거리며 인사를 건넨 뒤
다시 하늘로 되돌아갑니다.
그 모습을 본 아빠 참새가
날아가는 어미 새를 재빠르게 쫓아
사랑의 말을 속삭여 줍니다.
먼저 날아간 어여쁜 아기 참새는
아는지 모르는지
저만큼 날갯짓하며
홀로서기를 해 봅니다.

## #66  초연

인연이 아니었나 봅니다.
꽁꽁 숨겨진 태생의 비밀처럼
그 고운 자태가
비밀의 성을 부수고 깨어나려 하네요.
알 속의 별들이 움트며
서서히 백과 흑이 하나 되고
타협하려 하지 않는
이기적인 아집이
나로 하여금 그릇되게 만듭니다.
이것이 아니었나 봅니다.
세상은 두 개가 아닌
또 하나의 허상인 것을
이미 다른 색 옷을 입고 떠도는 황량함은
오아시스를 찾아 헤매듯
오로라의 불빛 같은 심장이 되어
가슴에 남고 싶습니다.

# #67  카르마

기다림의 미학이라고 했던가.
사랑의 미학이라고도 했던가.
밤하늘 반짝이는 별들을 수놓아
희망도 만들고 태양도 만들며
은하계를 휩쓸 수 있는
커다란 엔도르핀을 만들곤 하지요
때로는 국수 가락처럼 부드럽고 길며
명주실처럼 단단하고 기나긴
마음의 양식은
그 누구에게도 없는 것이 아닙니다.
환경 탓 내 탓 상대방 탓
어느 것도 탓할 수 없는 것이
바로 인생이지요.
인생을 한마디로 말한다면
그건 바로 고뇌라는 생각이 듭니다.
왜냐하면 돌고 도는 카르마의 묵직함을
모두 해소시키지 못했기 때문에
우리는 자연에서 점점 멀어진다고
생각한답니다.
일명 카르마를 업보라고 하지요
나는 지금 이 순간부터
반짝이는 선한 마음을 가지도록 노력하렵니다.

## #68  커피 즐기기

부드럽고 씁쓰레한 커피 한 잔이
살짝 입에 머문다.
뜻하지 않은 깊이가 느껴진다.
그 순간, 마치 아무 소리도 들리지 않고
깊숙한 느낌 속으로 빠져든다.
커피가 이렇게 그윽했던가.
살짝 눈을 감고
커피의 이야기를 들어 본다.
그동안 커피믹스의 아늑함을 즐기며
피로감을 느끼지 못했음을
분명하게 알게 해 주던 아이.
언제부턴가 나에게
하루의 고상함을 느끼게 해 주었다.
이제 믹스커피와 아메리카노를
서로 다르게 즐길 줄 알게 되었다.

## #69 편백나무 친구

햇빛이 스며든다.
코끝의 향기와
나뭇잎을 살랑이게 하는
익숙한 바람
함께 춤을 추듯, 편백의
향이 오전의 기쁨을
만끽하게 한다.
뿌리 깊은 나무 아래
떨어지기 싫은 담쟁이
사랑을 독차지하려 애쓰는
네 모습이 어여쁘다.
넌 그냥 작지만 힘이 넘친다.
안정감 있고 포근해 보이는
아침 미소가
그 옆을 지나는
주름살마저 웃게 만든다.
어느덧 피뢰침같이 우뚝 선
황금빛 물결 같은 인생은
고요하고 잔잔한 파도에 몸을 실어
고기를 낚는 어부의 커피 같은 여유를
물고기에게 전해 준다.

## #70 포옹

사랑과 영혼을 한데 모은
나의 사랑스런 귀요미들아
험난한 인생살이가 시작되었구나.
어쩌니 어쩌니
마음을 보듬어 주고, 헤아려 주며
모든 걸 품어주고 싶단다.
귀요미들은 그 마음을
충분히 잘 알고 있다는 걸 잘 알지.
제각각 벌어지는 상황들로 인해
당황스럽기도 하겠지만
우리 힘차게 헤쳐 나가자.
나의 아들딸들아
사랑한다.

## #71 피앙세

오늘 아침은 산속 물잎새 위에
피어난 아기 방울이 너무 무거워
기울어집니다.
새벽녘, 촉촉한 안개비가
거리를 휘저었기 때문입니다.
그것은 길고 긴 터널을 빠져나와
그대를 찾기 위함의 절실함을
느끼는 것입니다.
사랑하는 사람을 향한
험난한 여정과 그리움의 별곡은
가슴을 울리고 떨리게 만든답니다.
사랑하는 사람이여, 움직이지 마소서.
내가 그대를 찾으러 가겠습니다.
그리하면, 내가 생각한
보고픔의 방향과 거리는
더욱 좁아질 수 있을 테니 말입니다.
당신은 행복의 길 속으로
좋은 꿈만 꾸시기 바랍니다.
모든 꽃들이 여기저기 사뿐히 올라앉아
그대의 커다랗고 멋있는 피앙세를
활짝 피울 수 있을 테니 말입니다.

## #72 하나를 더 보탠 사랑

사랑입니다.
더 사랑이라고 말합니다.
하나를 뺀 사랑은
더 보탠 사랑보다
그리 행복하지 않습니다.
고요한 달빛과
더 화려한 별빛
사랑은 이렇게 말하려 합니다.
사랑은 기억보다
추억 많은 공감대가 더욱 쌓여
흐르는 별빛 사이를 흔들면서
사라집니다.
그것은 바로
다른 목표 지점이 너무 많기에
하나를 선택하려니
많은 고민이 쌓이게 됨입니다.
어찌할까요, 어찌할까요.
나는 그대와 함께여야 합니다.
그리하면 더욱 화려함 속으로
달려가며 그 안에서 별빛을
달빛으로 커다란 웅덩이 속으로
둘이 함께 걸어가게 되겠지요.

우린 더욱더 사랑을
멈추지 않을 것입니다.
우린 행복한 마음속으로
함께 달려가려 합니다.
우리를 축복 속으로
데려가 주시기 바랍니다.

## #73  하늘의 열매

배나무 열매가 옷을 입었습니다.
하얗고 누런 종이 옷을 말이지요.
그 옆 친구인 사과가 부러워합니다.
사과는 벌거벗은 느낌입니다.
오롯이 태양과 물, 햇빛을 고집하며
이겨 내려는 고통을 꾹 참고 있답니다.
새벽녘, 어둑어둑한 땅의 기운을
잊지 않으려 애쓰기도 합니다.
그것은 열매가 다 자랄 때만이라도
어스름한 어둠을 지켜 내며
그것의 욕심을 참고 있기 때문입니다.
하지만 무엇을 거스르고 거슬러도
외면하는 마음이 사라지지 않도록
노력하며 살겠습니다.

그것은 내 마음속 결정권자의 생각이
커다란 울림으로 다가와 서로를 의지하며 함께 나아간다면
더 이상의 욕심을 부리지 않을 것입니다.

# #74  행복 (1)

행복의 다리를 건너고 있습니다.
흰색이 보이질 않지요.
그의 색은 투명하고 예의가 발라서
드러내려 하지 않습니다.
왼손이 한 일을 오른손이 모르게 하려다 보니
너무 힘에 겨워
드러냄조차 사치가 되어 버렸습니다.
그것은 바로 천군만마를 얻은 것처럼
자랑스럽고, 가치 있는 일입니다.
우리는 배워야 합니다.
그리고 함께해야 합니다.
그래야 더 많은 사람들이
그 혜택을 누릴 수 있고
사랑과 행복의 길로 올라갈 수 있기 때문입니다.
그곳은 바로 천상의 계단이라고 부르지요.
우리 모두 함께 손을 맞잡고
그곳으로 올라가는 일을 행해야 합니다.
즐거운 마음과 베푸는 온정을 느끼다 보면
어느새 그곳의 문이 열리게 된답니다.
그리고 꿈을 꿉시다.
이곳이 세상과 단절되지 않고
진정으로 행복할 수 있도록 살아가려 애써야 합니다.

## #75 현실

드르렁 드르렁
우렁찬 대포소리가 온 방 안을 뒤흔들어 놓는다.
오늘도 고단한 하루를 보냈구나
하는 생각이 절로 든다.
현관으로 들어오는 힘듦의 속삭임은
나로 하여금 걱정스러운 눈빛으로 바뀌게 하고
그 눈빛은 피부에까지 스며든다.
무게감이라는 것은
보이지 않는 재주를 많이 갖고 있기 때문이다.
삶의 보물섬에 치이고
재난의 천둥과 폭포 같은 지각변동은
어쩔 수 없이 몸을 담게 하기도 하고
시련을 안겨 주기도 한다.
어떤 사람은 사방을 둘러보며
어떤 세상 속으로 들어가야 할지를 고뇌하고
깊이 있는 생각에 잠긴다.
또 어떤 사람은 이곳저곳을 기웃거리며
고민과 각성을 반복하고
하루의 일과는 이틀이 되고
삼 일이 되며
밤인지 낮인지조차 모르는 하루를 살아간다.
그렇다면 나는

무엇을 생각하며 달려야 하는 것일까.
스스로의 모습을
간접적인 영향으로부터 멀리 두고
주인의식과 객관적인 입장에서 바라보며
달려야 함을 잊지 않을 것이다.
그리고, 우리 모두 자각하여
모든 꿈이 현실이 되기를
함께 이루어야 합니다.

## #76  화전

아침 새소리에 문득 눈을 떠 보니
아직도 동그랗고 하얀 은색 달밤이
조용히 내 옆을 지켜 주고 있네요.
오, 나의 태양이여.
구름과 달이 번갈아 엇갈리듯
그대의 눈동자는 나를 비추고
내 안의 슬픔을 가라앉혀 주었지요.
분홍빛 진달래로 곱게 빚은 화전
새벽 밤 정안수를 담은 장독대 위
반짝이는 별빛이 노래를 부르듯
흥얼거림이 절로 나옵니다.
어여쁜 꽃떡을 한 입 베어 문
그대의 입술은 오물거리며
환한 미소로 나를 감쌉니다.
그리도 맛있을까요.
나도 슬며시 한 조각을 입에 넣어 보니
구수하고 쫀득한 꽃잎의 달콤함이
온몸에 전율처럼 퍼져
서서히 녹아내립니다.
그 감미로움이 마음 깊은 곳에서
아름다운 감정이 되어 피어납니다
우리 둘은 이렇게 찰떡같은 궁합

서로의 마음을 나누며
배부르다 말하면서도
밀고 당기며 웃음꽃을 피웁니다.

## #77 회향

바른 몸가짐과 올바른 행동
그리고 순화된 언어로
이야기하며 올바른 정신으로
인하여 상대방을 공경하고
나 자신을 낮추어 겸손한 마음으로
말미암아 한평생을 지내며 그것을
회향함으로써 널리 이롭게 한다면
그것이야말로 더할 나위 없지 않을까
생각해 본다.
이것을 이제야 한 걸음씩 실천하며
이를 자식에게로도 이롭게 할 수 있다면
무한한 감사를 느끼며
살아갈 수 있을 것이다.

# #78 흰 눈

소복이 쌓인 눈 위로
하얀 토끼 한 마리가
가만히 내려다본다.
똘망똘망한 맑은 눈동자를 간직한 채
뒤따라오는 소년의 발걸음을
멈추게 한다.
어디서부터 따라온 걸까.
부리나케 뒤꽁무니를 쫓아가다
문득 고개를 들어 보니
귀를 쫑긋 세우고
어느새 친구가 되어 버린 하양이.
기다리는 척 숨을 고르다
슬그머니 멀어진다.
소년의 눈과 입꼬리가
슬그머니 실룩이며 따라간다.
앞서가던 하양이는
얄궂은 듯 흰 눈 사이를
가볍게 가로지른다.
그러자 소년은 하양이를 놓칠세라
발 빠르게 헐떡이며 숨을 고른다.
소년을 뒤로한 하양이는
졸졸 흐르는 소리에

익숙한 듯 고개를 숙인다.

이내 개여울에
할짝할짝 목을 축이며
소년의 발걸음보다 먼저
눈길 속으로 사라져 버렸다.

## #79  사랑 말이야

사랑은
말로 움직이지 않아.
마음으로 느끼는 거지.
왜 그런 줄 알아?
난 그런 사랑에
빠져 버렸기 때문이지.
내 입가에 흐른 떡볶이 국물
그걸 살포시 닦아 주는
그런 게 바로
진짜 사랑이란 거야.
카페라테는
입술에 번지는 마술처럼
아늑한 사랑의 멜로디를 떠올리게 하고
그 거품을
살짝 닦아 주는 센스는
상대방으로 하여금
황홀감을 느끼게 만들어 주지.

## #80 어여쁜 꽃

이슬 먹고 피어난 어여쁜 꽃입니다.
노오란 색을 가슴에 머금고
정원을 바라보며 힘차게
뛰어 내려갑니다.
남편이 가져다준 행복입니다.
또 하루는
하얀 꽃잎으로 변해 소중한 얼굴로
내게 내밀어 보입니다.
이 또한 반짝이는 잎사귀 아래
이슬을 머금고 있었습니다.
정말 어여쁜 꽃입니다.

# #81  토닥토닥 내 사랑

사랑하는 임이여
당신은 날 바라보며
사랑스러운 이야기를
매번 하려 합니다.
어디 아프지 않느냐고
토닥토닥 어깨를 두드려 주고
때론 아픈 나의 마음속까지
조심스레 다독여 줍니다.
생각해 보니
나는 그대에게 말로 베풂을 행하지 못했고
사랑보단 질책의 단어를 건네며
당신을 미워했던 적도 많았습니다.
감히 말씀드리오니 이제부터는 저보다
당신 자신의 행복, 즐거움, 건강을 위해
살아 주시길 바랍니다.
그렇게 당신의 마음도 제대로 헤아리지 못한 채
나는 타인들에게 자만심과 오만함을
지닌 채 살아왔습니다.
그대여 이젠 부디
나보다 당신을
배불리 사랑하겠습니다.
어떻게 하면 당신의 마음속 배려를

내가 보고 배울 수 있을지 알려 주세요.
그러면 저는
임께서 베풀어 주신 은혜와 사랑을
세상에 널리 알리며
그대의 마음과 함께하는 삶을 살아가겠습니다.
그것이 곧 나의 소망입니다
사랑합니다. 한없이 사랑합니다.
나의 사랑을 받아 주시기를
진심으로 바라 봅니다.

## #82  촛농

촛불은 사랑을 태우며
사랑의 굴레를 벗기듯
아껴둔 사랑을 흘려보낸다.

그저 마음속 순화된 순수한 사랑은
한 살 두 살 애환이 되며
단단한 돌덩어리가 되어
더욱 짓눌리는 멍울로 커져만 간다.

그래, 그래도 괜찮아.
남은 가슴은 모두 다 떠나보내도
하나 남은 눈물 한 방울은
내 편이 되어 주겠지.

## #83  바람

삶은 바람이란다.
한순간 스치는 차가운 바람
그 바람이라서 속이 쓰리다.

아니 쓰리다 못해 구리다.
누구든 느끼는 바람인데
성난 바람 불어 살이 아려질진데
왜 애써 잡으려고 하는가.

마음은 바람을 타고 내려와
비수처럼 꽂힌다.

그리고 그 바람은 삶으로 인해
하나의 점이 되어
묻히듯 사라져 버린다.

# #84 꽃봉오리

봄날 햇살이 너그러워지게 만드는 따뜻한 오후
연한 연두가 꽃밭으로 피어난다.

아무도 몰래 속삭임이 친구 되어
서로 다투고 있다.

모두가 기다리고 기다리던 아우성 소리에
기어이 내가 먼저, 네가 먼저라며
극성스럽다.

감히 인간의 언어로
승화시켜 잘난 체도
서슴없이 해 버린다.

그러나 고리타분한 약속을 잊은 채
해맑은 꽃 연두는
아침저녁의 싸늘함에
목숨 바쳐 산화된다.

## #85 새 (2)

아침 새의 지저귀는 소리에
단잠에서 깨어나 상쾌한 공기를 마주한다.

요놈의 콩새야 요놈의 참새야
필요 없는 알람시계가 덧없고
기분 좋은 아침이슬 떨어지는 소리마저
한가득 행복하다.

시간 지나
이름 모를 새들의 합창은
배고픈 아기 새 가 어미 새를 찾아 떠돌며
아우성이 요란하구나.

# #86 행복 (2)

나무 그늘 아래
행복을 드리운다.
모자란 다섯 손가락의 행운이 모여
열 손가락의 행진으로 채워진다.
행복은 왜 모두를 가두어도
유별나게 그리울까.
인생은 왜 함께 있어도
시시때때로 반란을 도모하는 것인지
도무지 알 수 없다.
한쪽 가슴은 떨려도
또 다른 마음은
애처롭게 서럽기 때문이다.

## #87  봄비

시간의 흐름 속에
차 한 잔의 꿈을 버무려 본다.

파릇파릇한 봄동은 활짝 피어
나를 부르랴 한껏 미소를 지어 보이지만 이내
짜디짠 소금기에 두 손 두 발 들어
행복한 한 끼를 책임진다.

씁쓸하지만 상큼한 못난이 달래를
파래김 위에 얹어 내면
그 순간은 쉽사리 잊지 못하게 된다.

겨울의 막바지를 알려 주는
봄비가 송글송글 소리 없이 내린다.

드디어 겨울의 끝과
봄의 서막을 알리는 봄비는
우리네 풍습의 빈대떡 사랑을 안주 삼아
뽀얀 막걸리 한잔 기울여 본다.

# #88 산

멀리 보이는 높은 산은
나의 눈높이와 다르지 않다.
그 산과 가까워질수록
원하는 게 많아진다.
하나는 시간을 달라 하고
또 하나는 체력도 달라 하며
점점 귀찮게 한다.
푸른 산은 나의 소중한 많은 것도
내놓으라 한다.
하지만 사계절의 풍부한 그것은
내 인생길마다 방향을 달리
만들어 준다.
추운 곳에서 따뜻한 곳으로 위로해 주고
때론 무더운 곳에서 시원한 자연 속으로
나를 인도해 주기도 한다.
우뚝 서 있는 저 산은 날 울리기도 하고
기쁘게도 하지만 삶의 갈림길에서
큰 역할을 담당한다.
늘 메아리로 되돌아오는 부메랑은
나의 고독한 선택을 알려 주기도 한다.
언제나 그 자리에 우뚝 서 있기를 바라는 마음은
작은 욕심 속에서 큰 욕심을 잔뜩 쥐고 있다.

하나를 주면 하나를 받고 두 개를 주면 부담스러워
손 내밀지 않는다.
바라봄에 있어 주고받기를 꺼려하는 것조차
어려워진다.
때론 불편함도 감수하며 익숙하듯 매달려 본다.
나의 자리가 이곳이기를 한없이 바라 본다.

## #89   욕심

살라고 한다.
살아 내라고도 말한다.
살고 보면 별일 아닌 듯하지만
마음속 천둥 번개가 으르렁거리며
시비를 건다.
마지막 마침표가 끝끝내 드러날 때쯤이면
나의 우렁찬 목소리와 아우성은 끈을
놓아 버리려 작정한다.
별수 없이 실없는 나의 행동조차 지겹다.
인생은 왜 나이를 점점 먹어 갈수록 더
복잡해지고 섬세해질까! 아쉽다.
하나하나 풀어 보려 애쓰지만 이젠 그 애쓰려
하는 마음도 미련을 갖고 싶지 않다.
그저 세월이 약이다라는 말도 있지 않은가.
현실은 그 약도 삼키려 들지 않는다.
꽉 막힌 도로를 향해 질주하려는 욕심이
또 다른 나를 비웃고 있다.
언제부턴가 삶과 인생을 운운 하지만
그럴수록 꼬이는 것은 또 다른 나를 찾고
싶기 때문이다.

## #90  해를 가리는 구름

해를 뒤로하는 먹구름이 사나워 보인다.
산 아래 움푹 파인 골짜기마다
어둠을 속삭인다.

구름의 억지스러움은 붉은 태양의 화사함과
고요한 움직임을 저만큼 밀어 넣으려 한다.

그사이 커다란 저수지 속에서 피어나는 열정과
열망은 구름 사이를 재치고 한껏 기지개를 켠다.

그러나 곧 커다란 꿈을 쟁취하기 위해 머뭇거리며
어색한 웃음과 함께 욕망을 약속한다.